Persönliche Finanzplanung

Günter Schmidt

Persönliche Finanzplanung

Modelle und Methoden
des Financial Planning

mit 19 Abbildungen
und 13 Tabellen

 Springer

Univ.-Prof. Dr.-Ing. Günter Schmidt
Universität des Saarlandes
Lehrstuhl für Betriebswirtschaftslehre
A 54 (Gebäude 15), Im Stadtwald
66041 Saarbrücken
E-mail: gs@itm.uni-sb.de

ISBN-10 3-540-28983-6 Springer Berlin Heidelberg New York
ISBN-13 978-3-540-28983-8 Springer Berlin Heidelberg New York

Bibliografische Information Der Deutschen Bibliothek
Die Deutsche Bibliothek verzeichnet diese Publikation in der Deutschen Nationalbibliografie; detaillierte bibliografische Daten sind im Internet über *http://dnb.ddb.de* abrufbar.

Dieses Werk ist urheberrechtlich geschützt. Die dadurch begründeten Rechte, insbesondere die der Übersetzung, des Nachdrucks, des Vortrags, der Entnahme von Abbildungen und Tabellen, der Funksendung, der Mikroverfilmung oder der Vervielfältigung auf anderen Wegen und der Speicherung in Datenverarbeitungsanlagen, bleiben, auch bei nur auszugsweiser Verwertung, vorbehalten. Eine Vervielfältigung dieses Werkes oder von Teilen dieses Werkes ist auch im Einzelfall nur in den Grenzen der gesetzlichen Bestimmungen des Urheberrechtsgesetzes der Bundesrepublik Deutschland vom 9. September 1965 in der jeweils geltenden Fassung zulässig. Sie ist grundsätzlich vergütungspflichtig. Zuwiderhandlungen unterliegen den Strafbestimmungen des Urheberrechtsgesetzes.

Springer ist ein Unternehmen von Springer Science+Business Media
springer.de

© Springer-Verlag Berlin Heidelberg 2006
Printed in Germany

Die Wiedergabe von Gebrauchsnamen, Handelsnamen, Warenbezeichnungen usw. in diesem Werk berechtigt auch ohne besondere Kennzeichnung nicht zu der Annahme, dass solche Namen im Sinne der Warenzeichen- und Markenschutz-Gesetzgebung als frei zu betrachten wären und daher von jedermann benutzt werden dürften.

Einbandgestaltung: Design & Production GmbH
Herstellung: Helmut Petri
Druck: Strauss Offsetdruck

SPIN 11556343   Gedruckt auf säurefreiem Papier – 42/3153 – 5 4 3 2 1 0

Vorwort

Die Zukunft ist unsicher. Dies ist keine neue Erkenntnis, doch gerade in heutiger Zeit wird uns diese Aussage immer deutlicher vor Augen geführt. Der Crash der Aktienmärkte, eine wenig stabile Wirtschaft mit hoher Staatsverschuldung, der Rückzug des Staates aus der sozialen Absicherung seiner Bürger, weltpolitische Rahmenbedingungen und demographische Entwicklungen stellen besondere Herausforderungen für jeden von uns dar. Dabei erlangt die persönliche Finanzplanung besondere Bedeutung.

Jedes Individuum hat einen Anspruch auf *finanzielle Unabhängigkeit* und *Sicherheit* während seines Lebens. Bei der Einlösung dieses Anspruchs zu helfen, ist die Aufgabe der persönlichen Finanzplanung. Sie begleitet den Menschen in gleichem Maße wie auch die medizinische Versorgung, nämlich lebenslang. Obwohl sich keine oder keiner den eigenen finanziellen Problemen entziehen kann, existiert ein ausgesprochenes Defizit an Wissen in diesem Bereich. Dieses Wissen wird aber immer wichtiger. Mit einer soliden persönlichen Finanzplanung lassen sich finanzielle Unsicherheiten reduzieren und manchmal sogar eleminieren.

Persönliche Finanzplanung ist ein Prozess, der sich am menschlichen *Lebenszyklus* orientiert. Dabei geht es immer wieder darum, am Lebensalter orientierte finanzielle Ziele zu definieren, alternative Wege zur Zielerreichung zu erarbeiten und den für die persönlichen Lebensumstände optimalen Weg auszuwählen, umzusetzen, zu überwachen und, wenn nötig, auch anzupassen. Teilbereiche der persönlichen Finanzplanung wie Steuerplanung, Vermögensplanung, Vorsorgeplanung, Portfolioplanung, Liquiditätsplanung etc. nicht voneinander getrennt zu sehen, sondern zu integrieren. Kurzsichtiges und isoliertes Denken muß von langfristigen und integrierenden Strategien abgelöst werden.

Für die Durchführung der persönlichen Finanzplanung ist ein Werkzeug inzwischen unabdingbar, der Computer. Dieses Buch führt in die Vorgehensweise einer integrierten, computergestützten persönlichen Finanzplanung ein. Es wendet sich schwerpunktmäßig an drei Zielgruppen:

(1) Finanzplaner, die sich über neuere Entwicklungen auf diesem Gebiet informieren möchten;
(2) Interessenten, die sich auf den Beruf des Finanzplaners vorbereiten bzw. für diese Branche arbeiten wollen;
(3) Privatanleger mit betriebswirtschaftlichen Kenntnissen, die ihre persönliche Finanzplanung in eigene Hände nehmen wollen.

Der zweiten Zielgruppe wird mit diesem Buch ein Beratungsleitfaden an die Hand gegeben, der es ihr ermöglicht auch selbständig als Persönlicher Finanzplaner zu arbeiten. Für alle Zielgruppen werden Modelle und Methoden bereitgestellt, die eine effektive und effiziente computergestützte Planung, Überwachung und Steuerung der persönlichen Finanzen ermöglichen. Dabei macht es keinen Unterschied, ob das in diesem Buch vermittelte Wissen vom Finanzplaner in seiner täglichen Beratungspraxis mit Kunden verwendet wird oder ob der Privatmann sich in den Rollen des Beraters und des Beratenden gleichsam wiederfindet und auf wissenschaftliche Modelle und Methoden zur Lösung seiner Probleme zurückgreifen möchte.

Das Buch bietet sowohl eine breite als auch eine fokussierte Untersuchung der relevanten Fragestellungen der persönlichen Finanzplanung und analysiert entsprechende Lösungsmöglichkeiten. Es beginnt mit der Diskussion der Rahmenbedingungen der Durchführung der persönlichen Finanzplanung im ersten Teil. Darauf folgt die Beschreibung der Vorgehensweise zur Erhebung des Istzustands der finanziellen Verhältnisse im zweiten Teil. Neben dem Istzustand muß der angestrebte Zielzustand definiert werden. Wie dies erfolgt, wird im dritten Teil beschrieben. Stehen Ist- und Zielzustand fest, ist zu klären auf welchem Weg man vom Istzustand zum Zielzustand findet. Dies wird im vierten Teil beschrieben. Schließlich bedarf es der laufenden Überprüfung vom angestrebten Zielzustand und ausgewählten Weg. Darauf bezieht sich der Stoff des fünften Teils. Nach der Lektüre des Buches sollten die folgenden Aussagen möglich sein: *Jetzt bin ich in der Lage meine finanziellen Ziele in die Realität umzusetzen. Meine Zukunft bekommt Sicherheit.*

Die Computerorientierung kommt neben den vorgestellten Modellen und Methoden durch den Bezug im Text auf Softwarewerkzeuge, sogenannte Tools, die in einer Toolbox zusammengefaßt sind, zum Ausdruck. Jedes dieser Tools hilft bei der Lösung relevanter Finanzplanungsprobleme. Der Verweis auf ihre Anwendung erfolgt im Buch durch Beispiele, die mit einer Glühbirne am Rand gekennzeichnet sind.  Die Beispiele beschreiben relevante Szenarien, für die Tools im Rahmen des Beratungsprozesses zum Einsatz kommen sollten. Wer nach der Lektüre des Stoffes an der Toolbox interessiert ist, kann sich an den Autor wenden.

Saarbrücken im September 2005
Günter Schmidt

Inhaltsverzeichnis

1 Geschäftsmodelle 1
   1.1 Value Proposition 7
   1.2 Architektur der Wertschöpfung 10
   1.3 Ertragsmodelle 26
   Literatur 28

2 Istaufnahme 31
   2.1 Vermögensbilanz 42
   2.2 Einnahmen-Ausgaben-Rechnung 59
   2.3 Ergebnisrechnung 66
   2.4 Ausfallvorsorgerechnung 78
   2.5 Altersvorsorgerechnung 85
   2.6 Steuerrechnung 88
   Literatur 93

3 Sollkonzept 95
   3.1 Bestimmung der Anlageziele 99
   3.2 Risikotypisierung 106
   3.3 Vorsorgekonzept 119
      3.3.1 Erzielbares Deckungskapital 139
      3.3.2 Erzielbare Rente 143
   3.4 Vollständige Einnahmen-Ausgaben-Rechnung 148
   3.5 Vermögensplanbilanz 159
      3.5.1 Capital Allocation 162
      3.5.2 Asset Allocation 165
   Literatur 174

4 Maßnahmenplanung **175**
   4.1 Steuerplanung 176
   4.2 Investmentanalyse 182
        4.2.1 Allgemeine Analyse von Anlageklassen 185
        4.2.2 Besondere Analyse von Anlageobjekten 206
   4.3 Portfoliobildung 223
   4.4 Portfolioabsicherung 241
   4.5 Produktauswahl und Timing 249
   Literatur 265

5 Überwachung **267**
   5.1 Performanceanalyse 269
   5.2 Gewinnentnahme und Liquidation 281
        5.2.1 Gewinnentnahme 283
        5.2.2 Liquidation 290
   Literatur 295

Literaturverzeichnis **297**

Index **301**

1 Geschäftsmodelle

Gerade in letzter Zeit ist zu beobachten, daß sich der Staat mehr und mehr aus einer umfassenden sozialen Verantwortung für seine Bürger zurückzieht und dem Individuum immer größere Selbstbestimmung in Fragen der finanziellen Absicherung persönlicher Lebensrisiken und insbesondere der Altersvorsorge übergibt. Dies bedeutet für jeden von uns (natürliche Personen und private Haushalte) die Notwendigkeit einer genauen Disposition seiner finanziellen Zukunft durch eine persönliche Finanzplanung. Dabei sind die Anforderungen, die auf diesem Gebiet an natürliche Personen gestellt werden denen, die man an Unternehmen stellt, durchaus ebenbürtig.

Angebot

Persönliche Finanzplanung kann jeder für sich alleine, sofern er über hinreichende Kenntnisse verfügt, oder mit Unterstützung Dritter, in den meisten Fällen sind das dann Finanzdienstleister, durchführen. *Finanzdienstleister* beschäftigen sich mit der Erbringung von finanziellen Dienstleistungen für Privat- und Geschäftskunden. Sie folgen Geschäftsmodellen und agieren in einem Markt, auf dem Lösungen für finanzwirtschaftliche Probleme angeboten und nachgefragt werden. Problemlösungen beziehen sich beispielsweise auf

- die Abwicklung des Zahlungsverkehrs,
- die Kreditvergabe,
- die Kapitalanlage,
- den Abschluß von Versicherungen und
- die Beratung in Fragen der Vermögensentwicklung.

Das Gut, auf das sich diese Dienstleistungen beziehen, ist Geld; in materieller Form als Bargeld und in immaterieller Form als Buchgeld.

Anbieter Die wichtigsten Finanzdienstleister sind Banken, Versicherungen und Finanzintermediäre wie Leasing-, Kapitalbeteiligungs-, Beratungs- und Kreditkartenunternehmen. Aber auch Steuerberater und Rechtsanwälte agieren in diesem Markt. Im Mittelpunkt der meisten ihrer Aktivitäten stehen die Beschaffung, Verarbeitung und Weiterleitung von (Finanz-) Informationen. Informationen sind der zentrale Produktionsfaktor der Finanzdienstleister. *Informationsprodukte*, d.h. Produkte, die ausschließlich aus Informationen bestehen, stehen im Mittelpunkt der Leistungserstellung für diesen Markt.

1 Geschäftsmodelle

Beispielsweise ist eine (persönliche Finanz-) Beratung ein solches Informationsprodukt. Sie beginnt mit der Beschaffung *grundlegender* Informationen, reichert diese durch *zusätzliche* Informationen und Wissen an und gibt als Produkt *veredelte* Informationen in Form von Beratung bzw. Handlungsempfehlungen an Dritte weiter. Beschaffung, Verarbeitung und Weiterleitung bilden einen mehrstufigen Finanzdienstleistungsprozess. Je nutzensteigernder der Informations- und Wissensgehalt des Produkts desto größer ist die Wertschöpfung des Prozesses der Finanzdienstleistung.

Persönliche Finanzplanung bezeichnet einen kontinuierlichen, interaktiven Beratungsprozeß zur Erhebung und Analyse der finanziellen Situation, zum Aufzeigen von Verbesserungsmöglichkeiten, zur Festlegung von individuellen Maßnahmen zu deren Realisierung und zur Überwachung der Wirksamkeit der getroffenen Maßnahmen. **Definition**

Persönliche Finanzplanung wird auch als Financial Planning, Vermögensanalyse, Vermögensstrukturberatung, Vermögensmanagement, Financial Consultancy, Wealth Management etc. bezeichnet. Unabhängig von der Bezeichnung ist die persönliche Finanzplanung eine Finanzdienstleistung und besteht abstrakt aus Informationsbeschaffung und Informa- **Begriffe** tionsverarbeitung sowie Informationsweiterleitung an den Kunden, der auch als Mandant bezeichnet wird. Entscheidungen sind vom Mandanten zu treffen; *Entscheidungsunterstützung* kann vom Finanzplaner geleistet werden.

Problem Im Mittelpunkt stehen solche Entscheidungen, die die *optimale* Verwendung finanzieller Mittel unter *Restriktionen* betreffen. Restriktionen beziehen sich beispielsweise auf Rentabilität, Liquidität, Sicherheit, verfügbares Kapital, Steuerbelastung, Dauer einer Anlage und vieles mehr. Persönliche Finanzplanung ist nicht nur Anlageberatung; sie steht als Dienstleistung auf gleicher Ebene wie die Unternehmens-, Steuer- oder Rechtsberatung. Sie kann ein alleiniges Produkt sein, aber auch als mittelbares Instrument zur Kundengewinnung, Kundenbindung oder zum Vertrieb von Finanzprodukten dienen.

Aufgaben Die persönliche Finanzplanung bezieht sich in ihrem Kern auf Liquiditätsplanung, Vorsorgeplanung und Vermögensentwicklung unter steuerlichen und rechtlichen Rahmenbedingungen. *Liquiditätsplanung* bedeutet, eine Disposition von Zahlungsüberschüssen oder -defiziten vorzunehmen. *Vorsorgeplanung* hat das Ziel der Existenzsicherung im Rahmen der Alters- und Krankheitsvorsorge und unter Berücksichtigung anderer Lebensrisiken. *Vermögensentwicklung* bedeutet den strukturierten Aufbau von Finanz- und Sachvermögen sowie dessen Nutzung.

Bei den Aufgaben der persönlichen Finanzplanung bestehen Schnittmengen mit anderen Dienstleistungen wie sie von Banken und Versicherungen, Rechtsanwälten und Notaren sowie Maklern und Steuerberatern angeboten werden. Aber auch Unternehmen bieten ihren Mitarbeitern schon diese Dienstleistung an [TG03]. Bei Banken ist die persönliche Finanzplanung meistens dem Geschäftsfeld des Private Banking zugeordnet [Bon03].

Erster Ausgangspunkt einer Beratung sind Fragen, die sich im Grundsatz auf persönliche Lebensführung, Sicherheit und Unabhängigkeit beziehen wie beispielsweise (vgl. [Kru99])

Ausgangspunkt

- Ist die Altersvorsorge ausreichend?
- Wie können Steuern gespart werden?
- Kann der Lebensstandard in Zukunft gehalten werden?
- Konsumiere ich zu viel oder zu wenig?
- Ist die Vermögensstruktur richtig?

1 Geschäftsmodelle

Ziele und Wege

Allgemeiner formuliert befindet sich der Mandant zu Beginn der Beratung in einem finanziellen Start- bzw. *Istzustand*. In Zusammenarbeit von Mandant und Berater wird ein gewünschter finanzieller Ziel- bzw. *Sollzustand* erarbeitet. Aufgabe des Finanzplaners ist es, Maßnahmen, d.h. einen *Weg* zu finden, über den der Sollzustand vom Istzustand aus erreicht werden kann. Der gefundene Weg ist ein Katalog von Maßnahmen, die umgesetzt werden müssen, um den Sollzustand ausgehend vom Istzustand erreichen zu können. Ein solches Problem bezeichnet man auch als *Ziel-Wege-Problem* [Sch99].

Finanzplan

Ein *Finanzplan* besteht also aus der Beschreibung des Istzustands, der Konzeption des Sollzustands und dem Katalog der einzuleitenden Maßnahmen. Ein Finanzplan muß regelmäßig überprüft und wahrscheinlich auch geändert werden, da Start- und Zielzustand durch auftretende Umwelteinflüsse nicht invariant sind.

Geschäftsmodelle

Die persönliche Finanzplanung lässt sich auf Grundlage unterschiedlicher *Geschäftsmodelle* durchführen. Mit Geschäftsmodellen werden Überlegungen zur Planung und Durchführung wirtschaftlicher Aktivitäten bezeichnet. Sie sind aus den Anforderungen des Marktes abzuleiten und bestehen aus der Value Proposition, der Architektur der Wertschöpfung und dem Ertragsmodell [Stä01, 41ff].

(1) Die *Value Proposition* beantwortet die Frage, welchen *Nutzen* ein Unternehmen durch Leistungen für seine Kunden oder andere Partner des Unternehmens stiftet.

Bestandteile

(2) Die *Architektur der Wertschöpfung* beantwortet die Frage, wie die *Leistung* erstellt wird. Die Architektur beinhaltet eine Beschreibung der verschiedenen Stufen der Wertschöpfung sowie der beteiligten Agenten und ihrer Rollen im Prozeß.

(3) Das *Ertragsmodell* beantwortet die Frage, nach welchen Regeln *Umsatz* erwirtschaftet wird. Es wird beschrieben, welche Einnahmen aus welchen Quellen generiert werden.

1.1 Value Proposition

Im Mittelpunkt der Value Proposition stehen Überlegungen auf welche Weise Nutzen für einen potentiellen Kunden generiert werden kann. Beispielsweise erwartet ein Kunde von der Dienstleistung der persönlichen Finanzplanung folgende Leistungen:

Zweck

- Unterstützung bei der Strukturierung der persönlichen Ziele und Lebensabschnitte,
- Exakter Überblick zur Liquiditäts- und Vermögenslage,
- Prüfung und Bewertung der bisherigen Anlagestrategien,
- (Um-) Strukturierung des Vermögens,
- Prüfung der Absicherung bei Krankheit, Berufsunfähigkeit und Tod,
- Bewertung des Potentials geplanter Anlageentscheidungen,
- Planung und Überprüfung des Zeitpunkts des Erreichens finanzieller Unabhängigkeit,
- Bewahrung und Vermehrung der Geld- und Kapitalanlagen,
- Regelmäßige Überprüfung der Ziele und der Zielerreichung.

Nutzen Nach [Klo98] lassen sich für einen Kunden die folgenden Nutzenklassen bei der persönlichen Finanzplanung unterscheiden:

(1.1) *Wissen* über die eigenen Finanzen, das der Kunde durch die Interaktion mit einem Finanzplaner erwirbt. Einige Kunden zielen mit der Inanspruchnahme der Beratungsdienstleistung vor allem auf den Erwerb dieses Wissens, für die Mehrzahl der

1 Geschäftsmodelle

Kunden ist er aber nur ein Einstieg in andere Nutzenklassen.

(1.2) *Koordination* von Wünschen und Risikoeinstellung mit den persönlichen Finanzentscheidungen. Für viele Kunden stellt dies jedoch keinen direkten Nutzen dar; sie erwarten von der besseren Koordination vielmehr Nutzensteigerungen in den Nutzenklassen Absicherung, Einsparung und Renditesteigerung.

(1.3) *Absicherung* mit den Zielen der Altersversorgung, Werterhaltung des bestehenden Vermögens und ausreichender finanzieller Versorgung der Familie auch in Notfällen.

(1.4) *Einsparungen* von Ausgaben. Das meistgenannte Beispiel für diese Nutzenklasse ist die Steuerersparnis. Das Interesse der Kunden richtet sich auch auf die Reduktion der Zinsbelastung.

(1.5) Steigerung der *Rendite* des Vermögens. Dies erscheint beispielsweise möglich, wenn etwa höher rentierliche Anlagen gewählt werden können und diese mit der Risikoeinstellung des Kunden kompatibel sind. Auch die Liquiditätsplanung verbessert die Renditesituation.

1.2 Architektur der Wertschöpfung

Zweck Die Architektur der Wertschöpfung beschreibt die Art und Weise der Leistungserstellung und bezieht sich auf Marketing, Organisation, Phasen, Zielgruppen, Qualifikation, IT-Unterstützung und Vertriebskanäle.

(2.1) *Marketing* hat als Ziele die Erhöhung der Bekanntheit des Beratungsangebots, die Steigerung des Problembewußtseins (Aufklärungsarbeit) und die Erzeugung einer Nutzen-Evidenz (Überzeugungsarbeit). Geeignete Mittel sind die *klassische Werbung* (Anzeigen in überregionalen Tageszeitungen mit Wirtschaftsteil, Wirtschaftszeitungen und Wirtschaftsmagazinen), die *Direktwerbung* (Mailing, Prospekte, Telefonmarketing, Telefax-Werbung, Internet und insbesondere Werbebriefe mit individuellen Anschreiben, Broschüren und weiteren schriftlichen oder elektronisch lesbaren Informationsmaterial sowie das Angebot weitergehendes Informationsmaterial anfordern oder einen Gesprächstermin mit einem Berater vereinbaren zu können), die *persönliche Direktansprache* (Erstellung eines exemplarischen Finanzplanungsgutachten für ein imaginäres jedoch typisches Mitglied der Zielgruppe und *Vorträge* auf Kongressen und Kundenveranstaltungen.

1 Geschäftsmodelle

(2.2) *Organisation* unterscheidet nach Leistungsangebot und Leistungserbringung. Das Leistungsangebot wird nach dem *Umfang der Leistungen* differenziert:

- reine Beratung,
- Beratung mit *Unterstützung* bei Produktauswahl und Umsetzung der Empfehlungen,
- Beratung mit der *Umsetzung* der Empfehlungen mit eigenen oder fremden Produkten.

Bei der *Leistungserbringung* wird nach dem *Umfang der Arbeitsteilung* unterschieden. Die Beratung erfolgt beispielsweise durch

- den Kundenbetreuer,
- verschiedene Spezialisten,
- einen Kundenbetreuer mit Unterstützung eines Spezialistenteams.

(2.3) *Phasen* der Beratung werden grob unterscheiden in Datenerfassung, Analyseerstellung, Präsentation und Umsetzung [BS99, 27]. Das Phasenkonzept läßt sich sehr individuell ausgestalten. So werden in [Klo98, 29ff] folgende acht Phasen genannt: Kontaktaufnahme, Informationsgespräch, Datenaufnahme, Analyse, Gutachtenerstellung,

Strategiegespräch, Umsetzung sowie Überprüfung bzw. Betreuung.

Beratungs- Die Durchführung des Beratungsprozesses sollte die
prozess folgenden Kriterien erfüllen [Ric03]:

(a) *Strukturiert* und gegliedert in Phasen wie beispielsweise Auftragsklärung, Datenerfassung, Analyse, Konzeption, Strategiegespräch, Umsetzung und regelmäßige Kontrolle.

(b) *Ganzheitlich* ausgerichtet d.h. alle finanziellen Bereiche des Mandanten und seines Umfelds werden berücksichtigt [CR99].

(c) Einhaltung der *Grundsätze* ordnungsmäßiger Finanzplanung [BS99, 33-35]

- Vollständigkeit der Datenerhebung,
- Vernetzung der erhobenen Daten unter Berücksichtigung persönlicher, rechtlicher, steuerlicher und volkswirtschaftlicher Faktoren,
- Individualität der Beratung,
- Richtigkeit durch Anwendung der Methoden der persönlichen Finanzplanung und der Beachtung gesetzlicher Vorgaben,
- Verständlichkeit des Beratungsprozesses und seiner Ergebnisse,

1 Geschäftsmodelle

- Dokumentation aller Prämissen, Daten und Ergebnisse in geeigneter Form,
- Einhaltung der Berufsgrundsätze Integrität, Vertraulichkeit, Objektivität, Neutralität, Kompetenz und Professionalität.

Nach [Ste03] unterscheidet man folgende drei grundsätzlichen Beratungssituationen:

(i) Der Kunde wünscht eine Einzellösung, beispielsweise für die Anlage in Aktien oder in eine private Rentenversicherung.

(ii) Der Kunde wünscht eine problemspezifische Beratung, beispielsweise zur Vermögensentwicklung oder zur Altersvorsorge.

(iii) Der Kunde wünscht eine ganzheitliche finanzielle Beratung über die Bereiche Vermögen, Liquidität, Rentabilität, Vorsorge und Steuern.

Das Vorgehen der persönlichen Finanzplanung ist in Abbildung 1.2-1 dargestellt. Die Knoten-Quadrate repräsentieren die Aktivitäten *Bedarfserkennung* (01), *Vertragsverhandlungen* (02), *Einzellösungen erarbeiten* (03), *Istaufnahme* (10), *Sollkonzept* (20), *Maßnahmenplanung* (30) und *Überwachung* (40). Knoten-Kreise repräsentieren Ereignisse, die den Abschluß der jeweiligen Aktivität repräsentieren und Pfeile geben die

Vorgehen

wichtigsten Pfade an, die im Rahmen des Vorgehens bei der persönlichen Finanzplanung durchlaufen werden. Man erkennt, daß die Vorgehensweise bei der persönlichen Finanzplanung einem rückgekoppelten, iterativen Prozeß folgt.

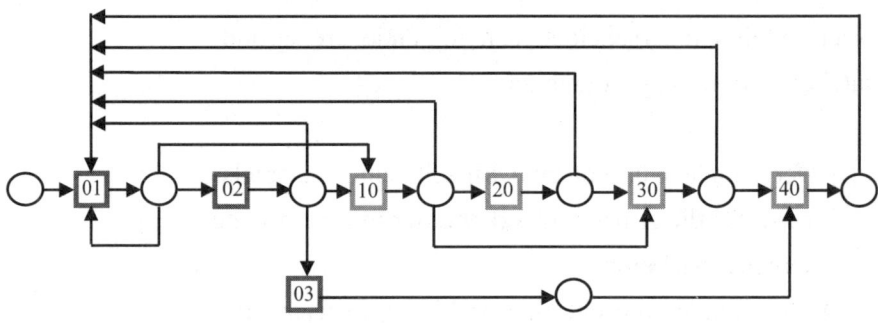

Abb. 1.2-1: Vorgehen der persönlichen Finanzplanung

Bedarfs-erkennung Die Bedarfserkennung umfasst die Zielgruppenbestimmung, die Kundenauswahl und die Kundenansprache. Zielgruppenbestimmung bedeutet Kundengruppen zu identifizieren. Aus diesen werden Kunden mit Beratungsbedarf ausgewählt, die dann auf geeignete Weise angesprochen werden. Ziel der Kundenansprache ist die Vereinbarung eines persönlichen Gesprächs. Die Bedarfserkennung bezieht sich nicht nur auf Neukunden, sondern auch auf bereits betreute Mandanten, die erneuten Beratungsbedarf haben.

1 Geschäftsmodelle

Wurde aktueller Beratungsbedarf bei einem Neukunden festgestellt, folgen die Vertragsverhandlungen. Bei einem bereits betreuten Mandanten kann diese Aktivität übersprungen werden. Im Rahmen der Vertragsverhandlungen wird die Dienstleistung der persönlichen Finanzplanung genau vorgestellt und ihr Nutzen für den Kunden erläutert. Stimmen Berater und Kunde überein, kommt es zur Auftragsvergabe, bei der auch die Ziele der Beratung festgelegt werden. Als Ergebnis der Vertragsverhandlungen liegt ein schriftliches Dokument vor, das Grundlage des Auftrags ist. Auch wenn beim Kunden aktueller Beratungsbedarf festgestellt wurde, kommt es nicht immer zu einem Auftrag. In diesem Fall, sollte aber der Kontakt zum potentiellen Kunden gehalten werden.

Vertragsverhandlungen

Ergebnis der Vertragsverhandlungen kann auch sein, daß der Kunde keine umfassende finanzielle Beratung wünscht, sondern lediglich Einzellösungen für ausgewählte Probleme.

Einzellösungen erarbeiten

Bei der Istaufnahme erfolgt die Erhebung aller relevanten Informationen wie beispielsweise

Istaufnahme

- aktuelle Steuerklärung,
- Testament, Ehe- und Erbverträge,

- Versicherungspolicen mit Versicherungs- und Ablaufleistungen (Kapitallebens-, Risikolebens-, Unfall-, Haftpflicht-, Krankenversicherungen, etc.),
- Rentenversicherungen (gesetzliche Rentenversicherung, betriebliche Altersversorgung, berufsständische Versorgungen, Zusatzversorgungen, etc.),
- Immobilien mit zugehörigen Finanzierungen,
- Finanzanlagen,
- Unternehmensbeteiligungen,
- sonstige Vermögenswerte (Kasse, Edelmetalle, Antiquitäten, Kunstgegenstände mit Wertgutachten, Luxusgüter, etc.),
- laufende persönliche Erträge und Aufwendungen,
- Kredite und sonstige Verbindlichkeiten,
- geplante Einnahmen und Ausgaben.

Analyse Mit Hilfe dieser Informationen erfolgt bei der Erhebung und Analyse des Istzustands häufig zunächst eine Betrachtung von Ausfallvorsorge und Altersversorgung. Daneben werden Liquidierbarkeit, Rentabilität, Risiko und Steuerwirksamkeit des Vermögens bestimmt. Konsolidiert werden diese Informationen in einer

- Vermögensbilanz,
- Einnahmen-Ausgaben-Rechnung,
- persönlichen Gewinn- und Verlustrechnung,
- Ausfallvorsorgerechnung,
- Altersvorsorgerechnung und
- Steuerrechnung.

Soll ein Sollkonzept erstellt werden, so werden zunächst die Anlageziele und der Risikotyp des Mandanten bestimmt. Damit werden das Vorsorgekonzept und eine vollständige Einnahmen-Ausgabenrechnung erstellt. Der finanzielle Zielzustand wird mit Hilfe einer *Vermögensplanbilanz* dokumentiert.

Sollkonzept

Falls der Mandant eine Umsetzung des Sollkonzepts wünscht, wird die Maßnahmenplanung durchgeführt. Dazu gehört die Auswahl geeigneter Finanzinstrumente unter den Aspekten Liquidität, Rendite und Risiko sowie steuerlichen Auswirkungen. Mit Hilfe von Finanzinstrumenten wird ein Portfolio gebildet, das, falls gewünscht, aus Risikosicht zusätzlich abgesichert werden kann. Schließlich müssen die ausgewählten Finanzinstrumente durch Produkte realisiert und die damit verbundenen Transaktionen zeitlich festgelegt werden.

Maßnahmenplanung

Ergebnis	Als Ergebnis von Istaufnahme, Sollkonzept und Maßnahmenplanung liegt eine schriftliche Dokumentation aller getroffenen Analysen, erarbeiteten Konzepte und gemachten Annahmen vor, die dem Kunden als Finanzplan in Form einer individuellen Expertise überreicht wird. Der Finanzplan beinhaltet beispielsweise Angaben

- zur Person und ihren Anlagezielen,
- zu Annahmen für die Planung,
- zur Ausfall- und Altersvorsorgerechnung,
- zu steuerlichen Aspekten,
- zur Vermögensrechnung,
- zu Liquiditäts- Rendite- und Risikoüberlegungen,
- zur Erbschafts- und Nachfolgeplanung,
- zur Identifikation von Problemzonen.

Schließlich beinhaltet er auch die Handlungsempfehlungen und entsprechenden Implementierungsvorschläge. Der Finanzplan ist die Grundlage der nächsten Phase, der Überwachung.

Überwachung	In der Phase der Überwachung erfolgt das Monitoring der eingeleiteten Maßnahmen durch eine Performanceanalyse und die Fortschreibung von Istaufnahme, Sollkonzept und Maßnahmenplan unter sich verändernden

1 Geschäftsmodelle

rechtlichen, steuerlichen, gesamtwirtschaftlichen und kundenindividuellen Randbedingungen. Nicht zu vergessen ist, daß der Kunde auch bei der Ertragsentnahme und der Liquidation seines Vermögens beraten wird.

(2.4) *Zielgruppen* beziehen sich auf Kundentypen und Marktsegmente. Es müssen entsprechende Daten zu den potentiellen Zielgruppen ermittelt werden. Folgende kundenindividuellen Merkmale bestimmen die Komplexität der persönlichen Finanzplanung [BS99, 39ff]:

- *Höhe des Einkommens*: je höher das Einkommen umso mehr Bedeutung kommt der Steuerplanung und in der Regel dem Vermögensaufbau zu.
- *Anzahl der vorhandenen Vermögensgegenstände*: je mehr Vermögensgegenstände, desto höher ist der Erfassungs-, Analyse- und Planungsaufwand.
- *Vermögensgröße*: je größer das Vermögen, desto komplexer ist die Vermögensstrukturierung und in der Regel auch die Erbschaftsplanung einschließlich der Erbschaftssteuerplanung.
- *Haushaltsgröße*: bei Familien ist die Planung der Hinterbliebenenversorgung unverzichtbar.

- *Berufliche Stellung*: bei Unternehmern ergeben sich besondere Probleme durch die wechselseitigen Beziehungen zwischen Privat- und Unternehmensfinanzen.

Marktsegmente

Je höher (niedriger) das Einkommen und das Vermögen eines Kunden sind, desto größer ist der Zwang zur Individualisierung (Standardisierung) der Beratung. Folgende Finanzplanungstypen lassen sich unterscheiden:

- *Mittelmarkt* mit *Risiko-Vorsorge-Check* (Kunden mit einem mittleren Bruttoeinkommen und geringem Vermögen: Schwerpunkt liegt auf Überprüfung von Risikoabsicherung und Altersversorgung; standardmäßig werden eine Übersicht über Einnahmen und Ausgaben sowie eine Vermögensbilanz erstellt.) und *Kleiner Finanzplan* (Kunden mit mittleren Bruttoeinkommen: Schwerpunkt liegt auf Rendite- und Steueroptimierung).
- *Top Markt* mit *Persönliche Finanzplanung* (Kunden mit hohen Bruttoeinkommen: Schwerpunkt liegt auf Steuergestaltung und Analyse der vorhandenen Vermögensanlagen), *Strategische Vermögensplanung* (Kunden mit hohem Wert des Anlagevermögens: Schwerpunkt liegt auf einer detaillierten Rendite-/ Steuer- und Rendite-/ Risiko-Optimierung sowie Fragen der Vermögensübertra-

1 Geschäftsmodelle

gung) und *Unternehmer-Finanzplanung* (Schwerpunkt Bewertung des Unternehmens, Optimierung der Beziehungen zwischen privaten und Unternehmensfinanzen, Evaluierung möglicher Nachfolgeregelungen als zusätzliche Bestandteile der Finanzplanung).

Unabhängig von den genannten Kategorien, stellt sich hier die Frage in welchen Teilen der Beratung individuell zu gestalten ist und welche sich problemlos standardisieren lassen.

Eng mit der Zielgruppe sind die Motive der Kunden verbunden. Motive beschreiben die inneren Beweggründe eines beobachtbaren Verhaltens. Die wichtigsten persönlichen finanziellen Motive sind **Motive**

- Konsum,
- Absicherung,
- Selbstbestimmung bzw. Unabhängigkeit und
- soziales Verhalten.

Das Motiv des Konsums zielt auf eine Aufteilung in aktuellen und zukünftigen Konsum durch Sparen (Konsumsparen). Absicherung (Vorsorgesparen) bedeutet die Vermeidung unerwünschter zukünftiger finanzieller Zustände. Selbstbestimmung (Emotionssparen) ist das persönliche Streben nach Unabhängigkeit. Soziales Verhalten (Verzichtsparen) zielt beispielsweise auf Spenden für gute Zwecke oder auf die Einrichtung von gemeinnützigen Stiftungen.

Ziele Abgeleitet aus diesen Motiven sind beispielsweise die folgenden persönlichen finanziellen Ziele:

- Langfristige Sicherung des Lebensstandards,
- Absicherung persönlicher Ausfallrisiken,
- Absicherung von Eigentumsrisiken,
- Sicherung und Ausbau des Vermögens,
- Unterstützung Dritter.

Diese Ziele unterliegen einem *Zeitbezug*, der grob in kurzfristig, mittelfristig und langfristig unterteilt werden kann. Der Zeitbezug läßt sich aus dem Lebenszyklus des Mandanten ableiten.

Beratung Beratung auf dem Gebiet der persönlichen Finanzplanung läßt sich

- produktorientiert,
- gruppenorientiert oder
- individuell

organisieren. Bei einer produktorientierten Beratung findet eine Festlegung auf (standardisierte) Produkte statt, die dem (anonymen) Kunden, oft auch als Kombination einzelner Produkte, angeboten werden. Die gruppenorientierte Beratung geht von der Prämisse aus, daß alle Mitglieder der nach bestimmten Kriterien abgrenzbaren Gruppe eine weitgehend identische Beratung nachfragen. Die Klassifizierung von Gruppen kann nach Einkommen, Vermögen, Berufsart, berufliche Stellung, Familienstand, Haushaltsgröße, Alter, steuerliche Belastung, Anlagementalität etc. vorgenommen werden.

Verwendet man eine Kombination von Merkmalen, so lassen sich Kunden beispielsweise wie folgt klassifizieren [Kru99, 54-57]:

Kundentypen

- der vielbeschäftigte Gutverdiener,
- der vermögende Genießer,
- der Erbe,
- der Unternehmer,
- der Renditejäger,
- der unsichere Kenner,
- der ungeduldige Aufsteiger,
- der mißtrauische Geizige,
- der 'do-it-yourself' Anleger.

Die individuelle Beratung stellt den einzelnen Kunden in den Mittelpunkt. Der Schwierigkeitsgrad der Beratung steigt mit ihrem Individualisierungsgrad.

Berater (2.5) *Qualifikation* beschreibt die Anforderungen an den oder die Berater. Gefordert ist nicht nur fundiertes Fachwissen, sondern auch eine weitreichende Flexibilität. Wichtig bei der Beratung ist eine von Fragetechnik geprägte Gesprächsführung, um möglichst viele Informationen beschaffen zu können. Andere Faktoren sind die Fähigkeit zum Perspektivenwechsel, die Sprache des Kunden sprechen zu können, Auswirkungen von Finanzentscheidungen absehen oder die Werte des Kunden reflektieren zu können. Der Finanzplaner sollte gleichzeitig Generalist, Treuhänder, Berater, Analytiker, Koordinator, Verwalter und Verkäufer sein [BS99, 49ff]. In den USA sind der Etablierung dieses Berufes viele Berufsbezeichnungen als Qualifikationsnachweis gefolgt, wie beispielsweise:

- *Certified Financial Planner (CFP)*: Dieses Zertifikat wird auch international vergeben. Auch in Deutschland wird eine Lizenzierung zum CFP angeboten.

- *Chartered Financial Analyst (CFA):* Dieses Zertifikat ist vorwiegend für Portfoliomanager und Kapitalmarktanalysten gedacht.
- *Chartered Life Underwriter (CLU):* Dieses Zertifikat wird überwiegend von Lebensversicherungsvertretern erworben.
- *Personal Financial Specialist (PFS).*

In Deutschland lizenziert der *DEVFP Deutscher Verband Financial Planners e.V.* Finanzplaner nach CFP-Regeln. Außerdem überwacht er die Berufsausübung der CFPs, definiert und kontrolliert die Ausbildungsstandards für Finanzplaner und paßt diese, an sich ändernde Rahmenbedingungen an.

(2.6) *IT-Unterstützung* bzw. IT-Architektur (vgl. [BS98]) unter besonderer Berücksichtigung von *Software* ist ein wichtiges Differenzierungskriterium zu anderen Wettbewerbern. Anforderungen, die an eine Finanzplanungssoftware gestellt werden, sind beispielsweise (vgl. [BK04]):

- Die Software hat die Aufgabe, den Berater zu unterstützen. Sie darf also nicht durch ihre Komplexität eine zusätzliche Hürde darstellen (*Benutzerfreundlichkeit*).

- Es müssen alle Phasen, von Kundenansprache über Kundenberatung bis hin zur Umsetzung der Maßnahmen abgedeckt werden (*Vollständigkeit*).
- Die Software muß die Bedürfnisse und Ziele des Kunden abbilden und vernetzen können (*Kundenorientierung*).
- Die Vermögenssituation des Kunden und die Lösungsvorschläge müssen dem Kunden leicht verständlich dargestellt werden (*Nachvollziehbarkeit*).

(2.7) *Vertriebskanäle* beziehen sich auf die verschiedenen Arten persönliche Finanzplanung zu realisieren. Sie reichen vom Vier-Augen-Gespräch bis zur Nutzung des Internet und seiner Dienste. Beispielsweise bietet der Dienst WWW die Möglichkeit, Online-Beratungen für Kunden des Mittelmarktes anzubieten und durchzuführen.

1.3 Ertragsmodelle

Vergütung Grundsätzlich sind drei Arten der Vergütung der Beratungsleistung der persönlichen Finanzplanung denkbar:

reine Honorarvergütung, reine Provisionsvergütung und eine Kombination von Provision und Honorar.

Reine Honorarvergütung: Die Honorarhöhe kann abhängig vom Zeitaufwand, vom Vermögenswert oder vom Erfolg sein; auch Pauschalpreise sind möglich. Von Vorteil ist, daß der Berater sich ausschließlich auf die Interessen des Kunden konzentrieren kann.

Reine Provisionsvergütung: Der Berater ist wirtschaftlich auf die Umsetzung seiner Empfehlungen mit Produkten aus dem eigenen Angebot angewiesen. Die gegebene Anreizstruktur erscheint nicht vorteilhaft für das Ergebnis der Beratung aus Sicht des Kunden.

Kombination von Provision und Honorar: Für die Erstellung eines Gutachtens wird ein Honorar vereinbart. Für die Umsetzung des Planes mit einzelnen Produkten und Dienstleistungen bekommt der Berater eine Provision. Hier scheint der Interessenkonflikt zwischen Kunden und Berater durch einen Kompromiß gemildert.

Literatur

[BS99] Böckhoff, M., Stracke, G., *Der Finanzplaner*, Sauer, 1999

[BS98] Bernus, P., Schmidt, G., Architectures of Information Systems, in Bernus, P., Mertins, K., Schmidt, G. (eds), *Handbook on Architectures of Information System*s, 1-9, Springer, 1998

[BK04] Braun, O., Kramer, S., Vergleichende Untersuchung von Tools zur privaten Finanzplanung, in: *Impulse der Wirtschaftsinformatik*, Physica, 2004, 119-133

[Bon03] Bongartz, U., Erfolgreiche Private Banking-Strategien: Die Exklusiven und die Schnellen, *Die Bank* 5, 306-310, 2003

[CR99] Chieffe, N., Rakes, G., An integrated model for financial planning, *Financial Services Review* 8(4), 261-168, 1999

[Klo98] Kloepfer, J., *Marketing für die Private Finanzplanung*, Wiesbaden, 1998

[Kru99] Kruschev, W., *Private Finanzplanung*, Gabler, 1999

[Ric03] Richter, J., Entwicklungen im Financial Planning, *Banking and Information Technology* 4(1), 9-14, 2003

[Sch99] Schmidt, G., *Informationsmanagement*, Springer, 1999

[Stä01] Stähler, P., *Geschäftsmodelle in der digitalen Ökonomie: Merkmale, Strategien und Auswirkungen*, Köln-Lohmar, 2001

[Ste03] Steiner, J., Meilensteine auf dem Weg zu einem erfolgreichen Financial Planning im Privatkundengeschäft, *Banking and Information Technology* 4(1), 15-24, 2003

[TG03] Trahan, E., Gitman, L., The corporate market for personal financial planning services benefits, *Financial Services Review* 12, 1-8, 2003

2 Istaufnahme

Werde ich jemals Millionär werden und wenn ja, wann wird es soweit sein? Wer wäre an einer Antwort auf diese Frage nicht interessiert? Natürlich ist die Beantwortung der Frage in den meisten Fällen nicht einfach, und dies nicht nur deshalb, da unsichere Erwartungen über die Zukunft eine große Rolle bei der Behandlung dieses Problems spielen. Selbst dann, wenn man die Million während der verbleibenden Lebenszeit nicht erreichen sollte, hat das Ergebnis eine wichtige Aussagekraft und ist eine der Grundlagen für die weitere Lebensplanung.

Es müssen sowohl der Wert des heutigen Vermögens und seine vermeintliche Wertentwicklung in der Zukunft abgeschätzt werden, als auch Prognosen über zukünftige Einnahmen, Ausgaben, Steuersätze, Inflationsraten etc. abgegeben werden. Nimmt man heutige Daten bezüglich Vermögen, Einnahmen, Ausgaben, Verzinsung, Steuersatz und Inflationsrate als Schätzer für die Zukunft und verwendet man die Differenz von Einnahmen und Ausgaben zum Sparen, so ist eine erste Annäherung zur Beantwortung obiger Frage möglich.

Heute hilft für morgen

Beispiel 2.1

Donald Duck hat sich als Finanzplaner selbständig gemacht. Durch entsprechende Akquisitionsmaßnahmen läßt sich Daisy, eine langjährige Freundin von Donald, als Kundin gewinnen. Donald verspricht Daisy, sie zur Millionärin zu machen. Angeregt durch seinen ersten Auftrag, denkt Donald auch über seine eigene finanzielle Situation nach. Auch für ihn ist es eine spannende Frage, ob er jemals reich werden könnte. Wie erwartet, stellt er nach einigen überschlägigen Rechnungen fest, daß ihm dies auch mit dem Einkommen aus seinem neuen Job als Finanzplaner auf absehbare Zeit nicht gelingen wird, es sei denn, das Schicksal meine es sehr gut mit ihm. Donald ist Optimist und er möchte gerne wissen, welche Ereignisse eintreten müssten, damit er zur ersten Million und vielleicht auch zu mehr kommt.

Vermögen
Rendite
Abgaben
Liquidität
Risiko

Je fundierter die Antwort ausfallen soll, desto genauere Informationen müssen beschafft und verarbeitet werden. Ein Teil dieser Informationen wird im Rahmen der persönlichen Finanzplanung durch die Istaufnahme bereitgestellt. Die Istaufnahme hat zunächst die Aufgabe, die finanzielle Ist-Situation einer Person oder eines privaten Haushalts zu erheben. Darauf aufbauend erfolgt eine Dokumentation aus verschiedenen ökonomischen Sichten und es werden Stärken und Schwächen der gegenwärtigen finanziellen Situation im Rahmen einer Analyse herausgearbeitet. Die wichtigsten öko-

2 Istaufnahme

nomischen Sichten beziehen sich neben einer *Bestandsanalyse* auf die Untersuchungen der finanziellen *Liquidität*, der *Rendite* der wirtschaftlichen Aktivitäten und der damit verbundenen *Abgaben* sowie des *Risikos* von Wertverlust und Einnahmeausfällen in der Zukunft. Die Hilfsmittel zur Dokumentation dieser Sichten sind die

- Vermögensbilanz für die *Bestandssicht*,
- Einnahmen-Ausgaben-Rechnung für die *Liquiditätssicht*,
- Ergebnisrechnung für die *Renditesicht*,
- Ausfallvorsorgerechnung für die *Risikosicht* und
- Steuerrechnung für die *Abgabensicht*.

Jede Sicht der Istaufnahme wird in mehreren Schritten entwickelt. Bei allen Dokumentationen und Analysen sind zunächst die relevanten Daten zu *erheben*, bevor sie *ausgewertet* werden können. Eine erste Form der Auswertung ist bereits die *Erstellung* des jeweiligen Dokuments nach bekannten Vorgaben. Weitere Auswertungen werden im Rahmen der Analyse durchgeführt. Somit besteht bei der Istaufnahme die Entwicklung von Bestands-, Liquiditäts-, Rendite-, Risiko- und Abgabensicht immer aus den drei elementaren Schritten:

Schritte der Istaufnahme

(1) *Daten erheben* durch art-, mengen- und wertmäßige Inventur,
(2) *Dokument erstellen* durch Verdichten der erhobenen Daten,
(3) *Dokument analysieren* aus verschiedenen ökonomischen Sichten.

Der dritte Schritt wird in diesem Kapitel bei der Behandlung der Risikosicht und der Abgabensicht nicht weiter untersucht. In beiden Fällen wird er erst in späteren Kapiteln aufgenommen.

Methoden und Kennzahlen

Grundlegende *Methoden der Analyse* sind der Zeitvergleich, der Soll-Ist-Vergleich und das Benchmarking. Beim *Zeitvergleich* werden Werte gleicher Daten zu verschiedenen Zeitpunkten miteinander verglichen. Beim *Soll-Ist-Vergleich* werden Differenzen in den Werten von Daten zu selbst gesetzten und beim *Benchmarking* zu extern gesetzten Vorgaben bzw. Maßstäben untersucht. Die meisten Vergleiche basieren auf *Kennzahlen*, die Auskunft geben über (vgl. [Wöh00, 1084ff]):

- Verhältnisse der Vermögensbestandteile (Vermögensstruktur),
- Verhältnisse der Kapitalbestandteile (Kapitalstruktur),
- Zahlungsfähigkeit (Liquiditätsgrad),
- Verhältnisse der Ertragsbestandteile (Ertragsstruktur),

- Verhältnisse der Aufwandsbestandteile (Aufwandsstruktur) und
- Verhältnis von Ergebnis und Kapitaleinsatz (Rentabilität).

Bei der Durchführung der Istaufnahme greift man auf Grundlagen des *Rechnungswesens* zurück, dessen Aufgabe es ist, den Kreislauf von Geld- und Leistungsströmen auf der Basis von Geschäftsvorfällen aufzuzeichnen. Neben der Dokumentation dient es der Analyse und Planung der Finanzbewegungen. Folgende Grundbegriffe des Rechnungswesens finden bei der Istaufnahme Verwendung (vgl. [WK02]):

Begriffe des Rechnungswesen

- Einzahlungen und Auszahlungen,
- Einnahmen und Ausgaben,
- Ertrag und Aufwand,
- Leistungen und Kosten.

Alle diese Begriffe repräsentieren *Bewegungsgrößen* (Strömungsgrößen) bezogen auf eine Periode. *Einzahlungen* und *Auszahlungen* sind Barzahlungsvorgänge und führen zu Zufluß oder Abfluß liquider Zahlungsmittel. *Einnahmen* und *Ausgaben* umfassen Einzahlungen und Auszahlungen sowie Forderungen und Verbindlichkeiten.

**Einnahmen
Ausgaben
Einzahlungen
Auszahlungen**

Einnahme	=	*Einzahlung + Forderungszugang* *− Forderungsabgang + Schuldenabgang* *− Schuldenzugang*
Ausgabe	=	*Auszahlungen + Forderungsabgang* *− Forderungszugang + Schuldenzugang* *− Schuldenabgang*

Nun gibt es die folgenden Möglichkeiten:

- Einzahlung liegt vor, aber Einzahlung ist ungleich Einnahme (Aufnahme eines Barkredits bedeutet Schuldenzugang),
- Einzahlung liegt vor und Einzahlung gleich Einnahme (Verkauf gegen Bargeld),
- Einnahme liegt vor, aber Einnahme ungleich Einzahlung (Verkauf auf Ziel bedeutet Forderungszugang),
- Auszahlung liegt vor, aber Auszahlung ungleich Ausgabe (Gewährung eines Barkredits bedeutet Forderungszugang),
- Auszahlung liegt vor und Auszahlung gleich Ausgabe (Einkauf gegen Bargeld),
- Ausgabe liegt vor, aber Ausgabe ungleich Auszahlung (Einkauf auf Ziel bedeutet Schuldenzugang).

2 Istaufnahme

Jeder Vorgang, der keine Einlage ist und zur Erhöhung des Nettovermögens führt, ist ein *Ertrag*. Jeder Vorgang, der keine Entnahme ist und zur Verminderung des Nettovermögens führt, ist ein *Aufwand*. Einnahmen und Ausgaben sind nur dann Erträge und Aufwendungen, wenn sie *erfolgswirksam* sind. So bewirkt der Verkauf des eigenen Autos zum Buchwert zwar eine Einnahme, jedoch keinen Ertrag. Andererseits ist eine Gehaltszahlung sowohl Einnahme als auch Ertrag. Steigen die Kurse von eigenen Aktien, so liegt ein Ertrag, aber keine Einnahme vor; sinken die Kurse, so ergibt sich zwar Aufwand, aber keine Ausgabe. Beim Kauf eines Autos entspricht der Aufwand in aller Regel den Ausgaben. Wird eine Anleihe gekauft, so geschieht dies über eine Ausgabe ohne Aufwand.

Ertrag
Aufwand

Als Ertrag bezeichnet man auch den in Geld bewerteten Wertzugang einer Periode. Der Wertzugang (Ertrag), der durch die Erstellung von Leistungen anfällt, heißt Betriebsleistung. Als Aufwand bezeichnet man auch einen periodenbezogenen Wertverzehr. Der Wertverzehr (Aufwand), der bei der Erstellung von Leistungen anfällt, heißt (Betriebs-) Kosten. Auch hier gibt es nun mehrere Möglichkeiten:

- Ertrag liegt vor, aber Ertrag ungleich Leistung (Einlage, Kursgewinne),
- Ertrag liegt vor und Ertrag gleich Leistung (Produktverkauf),
- Leistung liegt vor, aber Leistung ungleich Ertrag (Verschenken von Produkten),
- Aufwand liegt vor, aber Aufwand ungleich Kosten (Spende, Kursverluste),
- Aufwand liegt vor und Aufwand gleich Kosten (Löhne),
- Kosten liegen vor, aber Kosten ungleich Aufwand (Eigenkapitalzinsen, kalkulatorische Abschreibungen).

Vermögen Kapital

Das Auftreten von *Bewegungsgrößen* führt zur Veränderung von *Bestandsgrößen* wie beispielsweise Vermögen und Kapital. Vermögen gliedert sich in Finanz- und Sachvermögen, Kapital in Eigen- und Fremdkapital. Die Summe der liquiden Mittel plus die Summe aller Forderungen minus der Summe aller Verbindlichkeiten bezeichnet man als Finanz- bzw. Geldvermögen. Es bestehen die folgenden Zusammenhänge:

2 Istaufnahme

Nettovermögen (Reinvermögen)
= *Finanzvermögen + Sachvermögen*
− *Fremdkapital*
= *Eigenkapital*

Die *Vermögensbilanz* enthält eine Aufstellung von stichtagsbezogenen Bestandsgrößen. Die *Einnahmen-Ausgaben-Rechnung* zielt auf periodenbezogene Bewegungsgrößen. Die *Ergebnisrechnung*, für die auch der Begriff persönliche Gewinn- und Verlustrechnung gebräuchlich ist, dokumentiert periodenbezogenen Erfolg der wirtschaftlichen Aktivitäten. Die *Ausfallvorsorgerechnung* untersucht die individuelle Absicherung bei Eintritt von Gefahren, wie beispielsweise längere Krankheit, Berufs- oder Erwerbsunfähigkeit, die zu Verringerung von finanziellen Zuflüssen bzw. zur Erhöhung von finanziellen Abflüssen führen. Ein Spezialfall der Ausfallvorsorgerechnung ist die *Altersvorsorgerechnung*. Sie dient der Ermittlung einer etwaigen Unterdeckung der benötigten finanziellen Versorgung im Alter. Die Steuerrechnung ermittelt die an den Staat zu entrichtenden Abgaben. In Abbildung 2-1 sind die Instrumente der Istaufnahme nochmals im Überblick dargestellt.

Instrumente der Istaufnahme

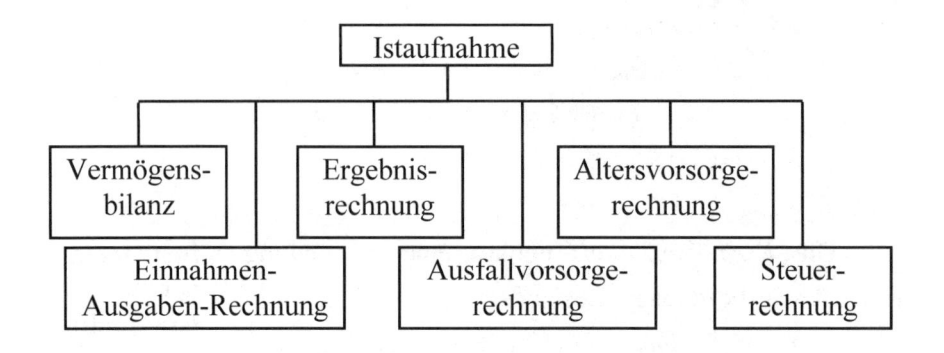

```
                    ┌─────────────┐
                    │ Istaufnahme │
                    └─────────────┘
     ┌──────────────────┼──────────────────┐
┌──────────┐      ┌──────────┐      ┌───────────────┐
│Vermögens-│      │Ergebnis- │      │Altersvorsorge-│
│ bilanz   │      │rechnung  │      │ rechnung      │
└──────────┘      └──────────┘      └───────────────┘
┌──────────────┐  ┌───────────────┐  ┌──────────┐
│ Einnahmen-   │  │Ausfallvorsorge│  │ Steuer-  │
│Ausgaben-Rech.│  │  rechnung     │  │ rechnung │
└──────────────┘  └───────────────┘  └──────────┘
```

Abb. 2-1: Instrumente der Istaufnahme

Benötigte Informationen Um die Istaufnahme durchführen zu können, wird eine große Anzahl unterschiedlicher persönlicher Finanzinformationen benötigt, wie beispielsweise:

- Steuererklärungen und Steuerbescheide,
- Kontoauszüge,
- Wertgutachten für Immobilien,
- Miet- und Darlehensverträge,
- Jahresabschlüsse eigener Unternehmen,
- Versorgungszusagen,
- Versicherungspolicen und Rückkaufwerte,
- Rentenversicherungsverläufe,
- Ehevertrag,
- Testament,
- etc.

2 Istaufnahme

Vorgehen

Aufgabe des Finanzplaners ist die Sicherstellung von *Vollständigkeit* und *Korrektheit* der Istaufnahme. Im ersten Schritt ist zu untersuchen, wie sich der Bestand und die Struktur der finanziellen Mittel darstellen (Vermögensbilanz). In einem zweiten Schritt geht es um die Beantwortung der Frage, ob und in welchem Maße die Liquidität aktuell gewährleistet ist (Einnahmen-Ausgaben-Rechnung). Im dritten Schritt wird das Ergebnis der ökonomischen Aktivitäten untersucht (Ergebnisrechnung). Im vierten und fünften Schritt sind Fragen der Risikoabsicherung zu beantworten (Ausfall- und Altersvorsorgerechnung). Im sechsten Schritt werden die zu entrichtenden Abgaben und Steuern für die ökonomischen Aktivitäten ermittelt.

Inflation Steuern Zinsen

Werde ich jemals Millionär werden und wenn ja, wann wird es soweit sein? Jede Antwort auf diese Frage muß Prognosen zu externen Einflußgrößen berücksichtigen, auf die der private Haushalt keinen Einfluß hat. Beispiele solcher Parameter sind die Entwicklungen von Steuersatz, Zinssatz und Inflationsrate. Auch eine geringe jährliche Inflationsrate hat ihre Tücken; so ist der Wert des Euros in den ersten *fünf* Jahren nach seiner Einführung um 10% gefallen, der der D-Mark nach *fünfzigeinhalb* Jahren um 73%. Bei einer durchschnittlichen Inflationsrate von 2% pro Jahr machen 50

Jahre aus einer Geldeinheit noch ungefähr 0,36 Geldeinheiten; steigt die durchschnittliche jährliche Inflationsrate auf 3% sind es dann nur noch ungefähr 0,22 Geldeinheiten.

Beispiel 2.2

Donald Duck muß sich von seinem Onkel Dagobert Duck immer wieder anhören, daß am Sparen kein Weg vorbeiführt, wenn man reich werden möchte. Davon hält Donald jedoch gar nichts; er vermutet sogar, daß man durch Sparen im Zweifel ärmer wird. Auch wenn es für Donald wahrscheinlich zum Millionär durch Sparen nicht reichen wird, so ist er doch neugierig zu wissen, zu welchem Ergebnis regelmäßiges Sparen führen kann. Besonders wichtig erscheint es ihm, den Einfluß von Sparzins- und persönlichen Steuersatz sowie der Inflationsrate zu kennen.

2.1 Vermögensbilanz

Zweck In Abwandlung des § 242 Abs. 1 HGB könnte man sagen, daß jeder private Haushalt einen das Verhältnis seines Vermögens und seiner Schulden darzustellenden Abschluß aufstellen sollte. In Analogie zur Definition der Unternehmensbilanz ist die Vermögensbilanz eine

Gegenüberstellung von persönlichem Vermögen (Aktiva) und Kapital (Passiva) bezogen auf einen bestimmten Zeitpunkt. Das persönliche *Vermögen* (Aktiva) besteht überwiegend aus Sach- und Finanzvermögen; das *Kapital* (Passiva) dient der Finanzierung des Vermögens. Die *Aktiva* beziehen sich auf die Verwendung finanzieller Mittel, die *Passiva* auf ihre Herkunft. Beide Seiten der Vermögensbilanz sind in ihrer Summe gleich.

Die wichtigsten Aktiva sind das Anlagevermögen mit
- immateriellen Vermögensgegenständen,
- Sachanlagen und
- Finanzanlagen

sowie das Umlaufvermögen mit
- Vorräten,
- Forderungen,
- Wertpapieren und
- Zahlungsmitteln.

Das Anlagevermögen weist eine längere und das Umlaufvermögen eine kürzere Bindungsdauer auf. Beispielsweise lassen sich zum Anlagevermögen Immobilien, Rentenanwartschaften und manchmal auch die persönliche Arbeitskraft (Humanvermögen) zählen;

Anlagevermögen
Umlaufvermögen

zum Umlaufvermögen zählen beispielsweise Kassenhaltung und Aktien.

Eigenkapital Fremdkapital

Die wichtigsten Passiva sind das Eigenkapital und das Fremdkapital bzw. die Verbindlichkeiten. Fremdkapital läßt sich nach der Fristigkeit oder der Sicherheit des Bestehens der Verbindlichkeiten weiter gliedern. Das zweite Kriterium führt zur Definition von Rückstellungen. Rückstellungen sind Verbindlichkeiten, die erst in der Zukunft (mit hoher Wahrscheinlichkeit) zu Auszahlungen führen.

Nettovermögen

Zweck der Vermögensbilanz ist die Dokumentation und Analyse von Vermögen und Verbindlichkeiten. Der Saldo aus der Summe der Aktiva einerseits sowie der Verbindlichkeiten und der Rückstellungen andererseits ergibt das Nettovermögen bzw. das Eigenkapital. Weitere nützliche Informationen, die mit Hilfe der Vermögensbilanz ermittelt werden können, beziehen sich beispielsweise auf

- die Struktur des Vermögensbestands nach Art, Währung, Verfügbarkeit etc.,
- die Rentabilität des eingesetzten Kapitals,
- die Liquidierbarkeit des Vermögens,
- die Renditeerwartung abgeleitet aus der Vermögensstruktur und

- das mit der Vermögensstruktur verbundene Risiko.

Neben einer aktuellen *Ist-Vermögensbilanz* kann auch eine auf die Zukunft gerichtete *Soll-Vermögensbilanz* bzw. Vermögensplanbilanz aufgestellt werden, mit deren Hilfe Ziele für Veränderungen der Vermögens- und Kapitalstruktur festgelegt werden können. Dies ist die Aufgabe des Sollkonzepts.

2.1.2 Erhebung

Noch bevor die einzelnen Daten für die Vermögensbilanz erhoben werden, ist der Bilanzstichtag festzulegen. Sofern es sich nicht um Sonderbilanzen handelt, ist es üblich, Bilanzen regelmäßig immer zum gleichen Stichtag, beispielsweise zum Jahresende oder zum Halbjahresende, zu erstellen. Dann sind alle relevanten Aktiva (Vermögensgegenstände) und Passiva (Schulden), bezogen auf den Stichtag, der Art nach zu bestimmen und zu bewerten. **Stichtag**

Die Bewertung der Aktiva erfolgt in den meisten Fällen zu Marktpreisen. Bei Immobilien ist dies beispielsweise der *Verkehrswert*. Er wird durch den Preis bestimmt, der zu dem Zeitpunkt, auf den sich die Er- **Bewertung** mittlung bezieht, im gewöhnlichen Geschäftsverkehr nach den rechtlichen Gegebenheiten und tatsächlichen Eigenschaften, der sonstigen Beschaffenheit und der Lage des Grundstücks oder des sonstigen Gegenstands der Wertermittlung ohne Rücksicht auf ungewöhnliche oder persönliche Verhältnisse zu erzielen wäre.

Die gebräuchlichsten Verfahren zur Ermittlung des Verkehrswertes sind das Vergleichswert-, das Sachwert- und das Ertragswertverfahren (vgl. [BH95]). Das *Vergleichswertverfahren* ermittelt den Verkehrswert über Marktpreise vergleichbarer Objekte, die in jüngerer Vergangenheit gehandelt wurden. Das *Sachwertverfahren* bestimmt den Wert aus der Summe von Grundstücks- und Gebäudewert auf der Basis von Herstellungskosten vermindert um altersbedingte Abschläge und existierende Bauschäden. Das *Ertragswertverfahren* kapitalisiert zukünftig zu erwartende Miet- und Pachterträge. Vergleichswert- und Sachwertverfahren werden häufig für selbstgenutzte Immobilien eingesetzt; das Ertragswertverfahren zielt auf Renditeobjekte ab.

Welches der Verfahren Anwendung findet, muß von Fall zu Fall entschieden werden. Eine Möglichkeit ist es auch alle drei Verfahren anzuwenden und daraus die Bewertung durch Mitteln zu bestimmen.

2 Istaufnahme

> Donald weiß, daß zur Dokumentation der finanziellen Verhältnisse auch der Wert des vorhandenen Vermögens gehört. Nur ist es mit der Bewertung so ein Problem. Onkel Dagobert sagt immer, der Wert einer Sache ist der Preis, den jemand bereit ist dafür zu zahlen. Wovon hängt aber die Preisbildung ab? Welchen Preis kann man beispielsweise für Daisy's Haus in Entenhausen erzielen? Donald glaubt schon mal gehört zu haben, daß der Preis einer Immobilie sich nach dem Sachwert oder dem Ertragswert des Objekts richtet.

Beispiel 2.1.1

Kapitallebens- und persönliche Rentenversicherungen werden mit ihren Rückkaufwerten angesetzt. Schwieriger ist die Bewertung bei geschlossenen Fonds und nicht börsennotierten Unternehmensbeteiligungen. Pessimistische Bewertung von Vermögen (Unterbewertung) und Schulden (Überbewertung) lassen stille Rücklagen entstehen. Zu den Grundfragen der Bewertung wird auf die einschlägige betriebswirtschaftliche Literatur verwiesen.

2.1.2 Erstellung

Im Unterschied zu Unternehmensbilanzen gibt es für Vermögensbilanzen keine vorgeschriebene Gliede-

Gliederung

rung. So läßt sich die Vermögensbilanz beispielsweise nach dem Liquiditätsgrad des Vermögens, nach den Rechtsverhältnissen oder der Fristigkeit des Kapitals, nach Rendite oder Risiko des Vermögens etc. gliedern.

Folgt man der Bilanzgliederung nach § 266 Abs. 2 und 3 HGB ergibt sich in Analogie eine Gliederung der Aktiva und Passiva einer Vermögensbilanz. Dabei gliedern sich die Passiva in Eigenkapital, Rückstellungen, Verbindlichkeiten und Rechnungsabgrenzungsposten sowie Periodenüberschuß. Die Aktiva einer Vermögensbilanz gliedern sich nach Vermögensarten in dieser Analogie wie in Tabelle 2.1-1 dargestellt.

Tabelle 2.1-1: Aktiva der Vermögensbilanz in Analogie zum HGB

(A) Anlagevermögen
1. Immaterielles Vermögen
    1.1 Konzessionen und Lizenzen
    1.2 Wert der Arbeitskraft
    1.3 Geleistete Anzahlungen
2. Sachanlagen
    2.1 Grundstücke und Gebäude
    2.2 Technische Anlagen und Maschinen
    2.3 Geleistete Anzahlungen
3. Finanzanlagen
    3.1 Beteiligungen an Unternehmen
    3.2 Wertpapiere des Anlagevermögens
    3.3 Ausleihungen

(B) Umlaufvermögen
1. Vorräte
2. Forderungen
3. Wertpapiere
4. Kassenbestand

(C) Rechnungsabgrenzungsposten

Rechnungsabgrenzungsposten dienen der periodenrichtigen Erfolgsabgrenzung. Dabei werden Erträge und Aufwendungen sowie Ein- und Auszahlungen, die erst spätere Perioden betreffen, korrigiert. Die Bilanzsumme erhält man durch die Addition der Werte aller Aktiva. Sind Verbindlichkeiten und Rückstellungen bekannt, läßt sich das Nettovermögen bzw. das Eigenkapital berechnen, indem die Bilanzsumme um die Summe der Werte aller Verbindlichkeiten und Rückstellungen verringert wird.

Bilanzsumme

Eine andere, besonders für Vermögensbilanzen geeignete Gliederung für Aktiva und Passiva wird in [BS99,117ff] vorgeschlagen. Die Aktiva unterteilt man in vier Vermögensgruppen:

4+4 Schema

(A1) Liquide Anlagen: Kasse, Renten und Rentenfonds, Aktien und Aktienfonds, Derivate, Edelmetalle, Sonstiges.

Aktiva

(A2) Immobilien: selbstgenutzte Immobilien, vermietete Wohnimmobilien, vermietete Gewerbeimmobilien, unbebaute Grundstücke, geschlossene Immobilienfonds, offene Immobilienfonds, Sonstiges.

(A3) Unternehmensbeteiligungen: tätige Beteiligungen, nicht tätige Beteiligungen.

(A4) Sonstiges Vermögen: kapitalbildende Versicherungen, Leasingfonds, Kunst und Sammlungen, Forderungen, Sonstiges

Die Passiva unterteilt man in vier Kapitalgruppen:

Passiva **(P1) Verbindlichkeiten:** es wird unterschieden, ob sie einzelnen Vermögensobjekten direkt zuzuordnen sind (objektgebundene Verbindlichkeiten) oder ob dies nicht der Fall ist (nicht objektgebundene Verbindlichkeiten).
(P2) Rückstellungen: es werden zukünftige Verpflichtungen gegenüber Dritten berücksichtigt.
(P3) Reserviertes Eigenkapital: für zukünftigen Konsum und zukünftige Vorsorge. Das reservierte Eigenkapital wird mit dem Barwert der zukünftigen Ausgaben für die Lebenshaltung und die Vorsorgeversicherungen bewertet.
(P4) Freies Eigenkapital

Wir nennen diese Form der Gliederung *4+4 Vermögensbilanz*, da sie sowohl vier Gruppen von Aktiva (Liquide Anlagen, Immobilien, Unternehmensbeteiligungen, Sonstiges Vermögen) als auch vier Gruppen von Passiva (Verbindlichkeiten, Rückstellungen, Reserviertes Eigenkapital, Freies Eigenkapital) umfaßt.

2 Istaufnahme

Beispiel 2.1.2

Ermutigt durch die Ertrags- und Sachwertberechnungen für Daisy's Haus, beginnt Donald nun damit, auch für alle anderen Vermögensobjekte von Daisy den Wert zu ermitteln und diese in einer Vermögensbilanz nach dem 4+4 Schema aufzulisten. Zusätzlich bestimmt er, im Vorgriff auf eine Analyse, die Anteile von Vermögens- und Kapitalobjekten an der Bilanzsumme, um sich einen Überblick über die Aufteilung von Vermögen und Kapital zu verschaffen. Wenn Donald erstmal die Vermögensbilanz erstellt hat, hat er schon den größten Teil seiner Aufgabe erfüllt, denkt er.

Nicht immer muß eine Vermögensbilanz Eigenkapital ausweisen. Wenn die Summe der Verbindlichkeiten und Rückstellungen größer als die Summe der Vermögenswerte ist, liegt Überschuldung vor, die zu einer entsprechenden Position auf der Aktivseite der Vermögensbilanz führt.

Überschuldung

2.1.4 Analyse + Prognose

Ist die Vermögensbilanz erstellt, kann sie unter verschiedenen Gesichtspunkten analysiert werden. Im Mittelpunkt steht die Beurteilung von Liquidität, Rendite und Risiko von Vermögen und Kapital. Im Rah-

**Rendite
Risiko
Liquidität**

men der Analyse sind beispielsweise die folgenden Fragen zu beantworten:

- Wie sind Vermögen und Kapital strukturiert?
- Welche langfristige Rendite der Anlagen läßt sich aus der Struktur ableiten?
- Welche Risiken stecken in der Struktur?
- Wie ist die Liquidität zu beurteilen?
- Wie haben sich Vermögen und Kapital entwickelt?

Beispiel 2.1.3

Bei der Erstellung der Vermögensbilanz merkt Donald, daß er auch Verbindlichkeiten berücksichtigen muß. In den Unterlagen von Daisy findet er einen vor zwanzig Jahren von Onkel Dagobert gewährten Kredit, den sie bis heute noch nicht zurückgezahlt hat. Donald rät Daisy, ihre Schulden sofort zu tilgen. Daisy überlegt kurz und es fällt ihr ein, daß sie das Geld, das zur Schuldentilgung nötig ist, auch in andere aussichtsreiche Projekte stecken könnte. Sie fragt sich, wie sie sich entscheiden sollte.

Fristigkeit

Der erste Schritt einer Analyse besteht eigentlich schon in der Festlegung der Gliederung, nach der die Bilanz erstellt wird. Die Vermögensbilanz wird nach dem Liquiditätsgrad gegliedert, wenn die Analyse der Zahlungsfähigkeit im Vordergrund steht. Dabei werden

2 Istaufnahme

bei den Aktiva Bargeld ganz oben in der Liste der Positionen und schwer liquidierbare Anlagen wie Immobilien ganz unten geführt. Bei den Passiva werden die Verbindlichkeiten nach ihrer Fristigkeit geordnet.

In Tabelle 2.1-2 ist ein Beispiel für eine '4+4 Vermögensbilanz' dargestellt, die unter den Aspekten Vermögens- und Kapitalstruktur analysiert werden kann. Es werden die Positionen, ihr Wert zum Stichtag (hier und im folgenden stets in der Dimension Geldeinheiten [GE]) und ihre relativen Anteile bezogen auf die Bilanzsumme dargestellt.

Es sind beispielhaft Einträge vorgenommen worden. Die liquiden Anlagen bestehen nur aus Kasse, Aktien und Edelmetallen. Den größten Anteil dabei machen die Aktien mit 14,95% aus. Die Immobilien sind nicht weiter differenziert. Ihr Anteil am Gesamtvermögen beträgt 65,40%. Unternehmensbeteiligungen sind nicht vorhanden. Auch das sonstige Vermögen ist mit einem Anteil von 11,51% nicht weiter aufgeschlüsselt. Auf der Passivseite machen die Verbindlichkeiten nur 1,32% aus. Es sind Rückstellungen in Höhe von 900.000 GE bzw. 70,14% ausgewiesen. All dies resultiert in einem Eigenkapital von 366.058 GE bzw. 28,53%. Die Bilanzsumme beträgt 1.283.058 GE.

Tabelle 2.1-2: Beispiel einer Vermögensbilanz

	Wert zum Stichtag	Anteil
AKTIVA		
(A1) Liquide Anlagen		
Kasse	58.443	4,55 %
Renten		
Rentenfonds		
Aktien	191.797	14,95 %
Aktienfonds		
Derivate		
Edelmetalle	46.018	3,59 %
Sonstige		
(A2) Immobilien	839.083	65,40 %
Selbstgenutze Immobilien		
Vermietete Wohnimmobilien		
Vermietete Gewerbeimmobilien		
Unbebaute Grundstücke		
Geschlossene Immobilienfonds		
Offene Immobilienfonds		
Sonstiges		
(A3) Unternehmensbeteiligungen		
Tätige Beteiligungen		
Nicht tätige Beteiligungen		
(A4) Sonstiges Vermögen	147.717	11,51 %
Kapitalbildende Versicherungen		
Leasingfonds		
Kunst und Sammlungen		
Forderungen		
Sonstiges		
Summe (A1)-(A4)	1.283.058	100,00%
PASSIVA		
(P1) Verbindlichkeiten	17.000	1,32 %
Objektgebunden		
Nicht objektgebunden		
(P2) Rückstellungen		
Konsum	750.000	58,45 %
Vorsorge	150.000	11,69 %
(P3) Eigenkapital	366.058	28,53 %
Summe (P1)-(P3)	1.283.058	100,00 %

2 Istaufnahme

Stellt man die Fragen etwas detaillierter, geht es bei der Analyse einer Vermögensbilanz um die folgenden Probleme:

Analysearten

(1) Prozentuale Verteilung des Vermögens auf und innerhalb der Vermögensgruppen (A1)-(A4): Zu diesem Zweck wird eine Analyse bezogen auf die verschiedenen Vermögensarten durchgeführt und es können die Anteile der einzelnen Aktiva-Positionen mit Benchmarks verglichen werden. So läßt sich beispielsweise die Aufteilung des Vermögens mit der eines repräsentativen Privathaushalts im jeweiligen Land vergleichen.

(2) Regionale und länderorientierte Verteilung des Vermögens: Es wird untersucht, in welchen geographischen Märkten das jeweilige Vermögen investiert ist. Eine grobe Einteilung unterscheidet Heimatmarkt, etablierte Märkte, Schwellenländer und sonstige Märkte.

(3) Währungsorientierte Analyse von Vermögen und Verbindlichkeiten: Es wird untersucht, in welchen Währungen das Vermögen angelegt ist und in welchen Währungen Verbindlichkeiten bestehen.

(4) Bonitätsorientierte Analyse der Anlagen: Diese Art der Analyse basiert häufig auf der Bewertung der Schuldner durch Rating-Agenturen. Beispielsweise erfolgt die Bewertung bei Moody's in der Spanne 'Aaa' für die beste Bonität bis 'C' für Junk Bonds schlechtester Bonität. Bei Standard & Poor's entspricht dies der Spanne 'AAA' bis ebenfalls 'C'.

(5) Laufzeitorientierte Analyse der Anlagen: Die Laufzeiten beschreiben die zeitliche Bindung des Vermögens. Eine gängige Einteilung ist langfristig (ab 5 Jahre), mittelfristig (2-5 Jahre) und kurzfristig (bis 2 Jahre).

(6) Branchenorientierte Analyse der Anlagen: Hier geht es um die Zuordnung von investierten Vermögen zu Branchen, nach denen die Leistungserstellung organisiert ist. Eine mögliche Einteilung von Branchen ist Anlagenbau, Chemie, Pharma, Banken und Versicherungen, Telekommunikation, etc.

(7) Prozentuale Verteilung des Kapitals auf und innerhalb der Gruppen (P1)-(P3): In Analogie zur Analyse der prozentualen Verteilung des Vermögens bestimmt man beispielsweise

Fremdkapitalquote = *Fremdkapital / Bilanzsumme*,
Eigenkapitalquote = *Eigenkapital / Bilanzsumme* und
Verschuldungsgrad = *Fremdkapital / Eigenkapital*.

Diese Kennzahlen können wiederum mit Benchmarks verglichen werden.

(8) Laufzeitorientierte Analyse des Kapitals: Die Finanzierung des Vermögens kann ebenfalls lang-, mittel- oder kurzfristig erfolgen. Neben der Darlehenshöhe sind der aktuelle Darlehensstand, der Zinssatz vor Steuer, der Zinssatz nach Steuer, der jährliche Zinsaufwand, die jährliche Darlehenstilgung und die Vertragsdauer von Interesse. Die Vorsteuer- und Nachsteuerzinsbelastung ergibt sich durch Vergleich der zu zahlenden Einkommensteuer mit und ohne Darlehen. Insbesondere der Nachsteuerzinssatz hilft bei der Beantwortung der Frage, ob mit Eigen- oder Fremdkapital finanziert werden soll.

(9) Verhältnis von Vermögen und Kapital:
(a) Ist die Summe der Aktiva (Vermögen) kleiner als die Summe der Verbindlichkeiten, so liegt Überschuldung vor. An die Stelle von Nettovermögen treten Nettoschulden. Auch nach der Liquidierung aller Aktiva reicht der Erlös nicht aus, um die Schulden zu decken. Ist in einer solchen Situation

die Zahlungsfähigkeit weiterhin gegeben, so kann versucht werden, die Schulden schrittweise zu tilgen.

(b) In welchem Verhältnis stehen liquide bzw. liquidierbare Anlagen und Verbindlichkeiten? Daraus läßt sich ein Insolvenzrisiko ableiten.

Beispiel 2.1.4 Nachdem Donald die Vermögensbilanz für Daisy erstellt hat, möchte der nun auch wissen, wie die Vermögens- und Kapitalstruktur im Detail aussieht und welche erwarteten Bruttorenditen man aus dieser Struktur ableiten kann. Da er ein Auge auf die Entwicklung ihres Vermögens und Kapitals halten möchte, sollen die Vermögensbilanzen im Zeitverlauf verglichen und die Eigenkapitalrendite einem Benchmark des Entenhausener Singleclubs gegenübergestellt werden.

Erfolg Darüber hinausgehende Analysen von Vermögensbilanzen ergeben sich in Analogie zur Analyse von Unternehmensbilanzen (vgl. [Wöh00]). Dabei läßt sich der Erfolg nur dann genauer untersuchen, wenn die Ergebnisrechnung hinzugezogen und das Eigenkapital zweier zeitlich aufeinanderfolgender Vermögensbilanzen verglichen wird.

2.2 Einnahmen-Ausgaben-Rechnung

Zweck der Einnahmen- und Ausgabenrechnung (EAR) ist die Dokumentation und Analyse aller Einnahmen und Ausgaben einer Periode. Will man die *Liquiditätssituation* darstellen, werden nur Einnahmen und Ausgaben betrachtet, die zu Einzahlungen und Auszahlungen führen. Die EAR ist eine Stromgrößenrechnung. Sie folgt den Prinzipien der Vollständigkeit (alle Transaktionen werden berücksichtigt) und der Betragsgenauigkeit (präzise numerische Ermittlung der Werte).

Zweck

2.2.1 Erhebung

Zunächst muß die Periode für die Erstellung der Rechnung festgelegt werden. Daran anschließend werden die realisierten Transaktionen für diese Periode erhoben und klassifiziert. Beispielsweise können Einnahmen die Kategorien "Einnahmen aus selbständiger Arbeit", "Einnahmen aus Kapitalvermögen", etc. zugeordnet werden. Die Ausgaben lassen sich unterscheiden in "Ausgaben für den Privatverbrauch", "Ausgaben für die Vermögensbildung", etc. In Tabelle 2.2-1 sind Beispiele für die Klassifikation von Transaktionen angegeben.

Klassifikation

Tabelle 2.2-1: Klassifikation von Transaktionen

Einnahmen	Ausgaben
Nicht selbständige Arbeit	Steuern
Selbständige Arbeit	Sozialversicherung
Kapitalvermögen	Verbrauch des täglichen Lebens
Vermietung und Verpachtung	Versicherungsbeiträge
Gewerbebetrieb	Unterhaltszahlungen
Land- und Forstwirtschaft	Zinsen und Tilgung
Sonstige Einnahmen	Vermögensbildung
	Sonstige Ausgaben

Brutto oder Netto

Die Erhebung der Einnahmen und Ausgaben kann auf Brutto- oder Nettobasis erfolgen. Bruttobasis bedeutet, daß den Bruttoeinnahmen zugehörige Ausgaben für die damit verbundenen Abgaben gegenübergestellt werden. So kann man das Bruttogehalt als Einnahme erfassen und die einbehaltenen Steuern und Abgaben als Ausgabe. Nettorechnung bedeutet, daß eine Verrechnung von verbundenen Einnahmen und Ausgaben schon bei der Erhebung erfolgt und nur die tatsächlich *realisierten* Einnahmen (Einzahlungen) betrachtet werden. In diesem Fall wird in obigem Beispiel bei den Einnahmen und Ausgaben nur das Nettogehalt erfaßt. Die Erfassung von Ein- und Auszahlungen läßt sich beispielsweise durch die Führung eines Kassenbuchs realisieren.

2 Istaufnahme

Beispiel 2.2.1

Daisy bittet Donald, ihre Einnahmen und Ausgaben zu erheben. Donald wundert es, daß er dabei zwar viele Einnahmen aber nur wenige Ausgaben findet. Er vermutet, dass es bei ihm selbst eher umgekehrt ist. Donald möchte nun auch wissen, wie sich seine jährlichen Ausgaben zusammensetzen und bei welchen Ausgaben er noch sparen kann.

2.2.2 Erstellung

Vorgehen

Zur Erstellung der EAR werden zunächst alle Einnahmen und Ausgaben nach Terminen bzw. Zeitpunkten (z.B. Kalendertag, Woche, Monat) geordnet. Für jeden Zeitpunkt der Periode werden alle realisierten Einnahmen und Ausgaben dokumentiert, indem die entsprechende Transaktion bezeichnet und ihr Wert festgestellt wird. Üblicherweise werden Einnahmen als positive und Ausgaben als negative Dezimalzahlen dargestellt. Für ausgewählte Zeitpunkte werden die Transaktionen saldiert. Die Salden werden über die einzelnen Zeitpunkte fortgeschrieben. Der Periodensaldo ergibt sich aus dem fortgeschriebenen Saldo des Zeitpunkts, der dem Periodenende entspricht. Ein Beispiel zur Struktur einer EAR ist in Tabelle 2.2-2 dargestellt. Die Salden werden auf Tagesbasis gebildet.

Tabelle 2.2.-2: Beispiel zur Struktur einer EAR

Zeitpunkt	Wert	Bezeichnung	Kategorie	Saldo
01.01.	+ 150	Anfangsbestand		
	- 30	Restaurant	Verbrauch des täglichen Lebens	
	- 100	Miete	Verbrauch des täglichen Lebens	
	- 10	Fondsparplan	Vermögensbildung	+ 10
02.01.	+ 100	Privatentnahme	Einkünfte selbständige Arbeit	
	- 10	Spende	Sonstige Ausgaben	
	- 50	Ratenzahlung	Zinsen und Tilgung	+ 50

Beispiel 2.2.2 Daisy möchte sich nun weitere Klarheit über ihre monatlichen Einnahmen und Ausgaben verschaffen und diese im Jahresrückblick betrachten. Da sie Ausgaben soweit wie möglich vermeidet, nimmt die Aufstellung der Einnahmen den größten Raum ein. Manche Monate möchte Daisy auch genauer untersucht wissen und deshalb bittet sie Donald, die EAR für ausgewählte Monate auf Tagesbasis zu erstellen.

2.2.4 Analyse + Prognose

Aussagen Die Analyse der EAR hat im Kern die Aufgabe, die *Liquidität* und das *Sparpotential* der Person bzw. des privaten Haushalts zu ermitteln und daraus abgeleitet, mögliche Zunahmen oder Abnahmen des Eigenkapitals bzw. der Verbindlichkeiten zu bestimmen.

Methoden

Die *artorientierte* Analyse bezieht sich auf die Untersuchung der Herkunft der Einnahmen und ihre Verwendung für Ausgaben. Die wichtigsten Einnahme- und Ausgabearten wurden bereits in Tabelle 2.2-1 dargestellt. Mit ihrer Hilfe kann man die Verteilung der Transaktionsarten mit ausgewählten Benchmarks vergleichen und daraus die nötigen Schlüsse ziehen. Eine weitere Möglichkeit der Analyse ist die *zeitraumbezogene* Betrachtung, bei der die Verteilung von Einnahmen und Ausgaben über verschiedene Perioden verglichen und mit inflationsbedingten Veränderungen abgeglichen wird. Entspricht die Veränderung bei einer Position der Inflation kann man trotzdem von Stabilität der entsprechenden Transaktion sprechen.

Konsequenzen

Bei der artorientierten *Analyse der Einnahmen* sollte beachtet werden, ob Einnahmen aus Vermögensanlagen, wie Zinsen, Dividenden oder Mieteinnahmen, vorliegen. Wenn nicht, ist der Aufbau solcher Anlagen einzuleiten, da mit steigendem Lebensalter die Vermögenseinkünfte die Arbeitseinkünfte langsam übersteigen sollten. Diese Forderung dient der Erhaltung des

Lebensstandards auch in den Lebensphasen nach Aufgabe der Erwerbstätigkeit.

Budgetierung

Eine *Analyse der Ausgaben* und ihr Vergleich mit Benchmarks kann dazu dienen, das zukünftige Ausgabenverhalten durch eine auf einzelne Ausgabearten bezogene Budgetierung zu steuern. So lassen sich Budgets für Ernährung, für Freizeitaktivitäten, für Urlaub, etc. bilden. Die Summe aller Budgets entspricht der Summe aller Einnahmen.

Beispiel 2.2.3

Donald zeigt die Aufstellung seiner jährlichen Ausgaben seinen Neffen. Sie geben ihrem Onkel den guten Rat, er möge doch auch mal seine Einnahmen dokumentieren und diese zusammen mit den Ausgaben im Zeitverlauf analysieren und dabei auch inflationsbedingte Veränderungen berücksichtigen. Dann könnte er sich sicher auch Klarheit darüber verschaffen, ob er in letzter Zeit verschwenderischer oder sparsamer geworden ist. Nicht zuletzt sollte er seine Ausgaben einmal mit denen von Tante Daisy vergleichen.

Benchmarks

Benchmarks müssen solche Merkmale wie verfügbares Haushaltseinkommen, Haushaltsgröße, Alter der Kinder, Lebensumfeld und berufliche Position berücksichtigen. Häufig benutzt man *Faustformeln*, die sich auf einzelne Ausgabearten und deren Anteil an den Gesamtausgaben beziehen:

- Miete mit Nebenkosten zwischen 15% und 20%,
- Vermögensbildung zwischen 13% und 15%,
- Vorsorge inklusive Vermögensbildung zwischen 20% und 25%.

Beispiel 2.2.4

Unabhängig von Benchmarks ist es häufig sinnvoll zu überprüfen, ob Ausgaben vermieden bzw. reduziert werden können. Dies sieht auch Donald so, und er möchte jede einzelne Ausgabe auf den Prüfstand stellen. Eng mit dieser Analyse gekoppelt ist die Frage, was er langfristig sparen kann, wenn er es schafft, Ausgaben zu reduzieren. Schließlich ist neben der Reduktion von Ausgaben die Erhöhung der Einnahmen eine mögliche Option. So könnte Donald überlegen, ob auch seine Neffen zur Einkunftserzielung beitragen sollten.

Liquidität

Der Saldo von Einnahmen und Ausgaben, die zu Einzahlungen und Auszahlungen führen, bildet die verfügbare Liquidität zu jedem Zeitpunkt in der Periode. Nun kann es vorkommen, daß der Saldo eine nicht negative Liquidität zum Periodenende ausweist, obwohl zu einzelnen Zeitpunkten in der Periode die verfügbare Liquidität negativ ist und damit zu diesen Zeitpunkten keine Zahlungsfähigkeit besteht. Ein positiver Periodensaldo bedeutet eine Zunahme des Eigenkapitals und ein negativer eine entsprechende Abnahme. Betrachtet man neben den Periodensaldi der EAR auch die Veränderungen der Vermögenswerte der Vermögensbilanz zum Ende einer Periode, so ergeben sich aus beiden die Veränderungen des Eigenkapitals entsprechend:

Eigenkapital(t) = *Eigenkapital(t-1) + Wertveränderungen (t-1,t) + SaldoEAR(t)*

Die Veränderung des Eigenkapitals wird auch als Ergebnis der Periode bezeichnet.

2.3 Ergebnisrechnung

Zweck Während aus der Vermögensbilanz der Erfolg einer Abrechnungsperiode durch Gegenüberstellung von *Vermögen und Kapital* zu einem *Stichtag* ablesbar ist, berücksichtigt die Ergebnisrechnung erfolgswirksame *Erträge und Aufwendungen* einer *Periode*. Zweck der persönlichen Ergebnisrechnung ist die Dokumentation und Analyse des finanziellen Erfolgs der wirtschaftlichen Aktivitäten in einer Periode. Die Ergebnisrechnung weist nicht nur den Erfolg aus, sondern sie zeigt auch seine *Ursachen* auf. Darüber hinaus weist sie die Veränderung des Nettovermögens über das *Periodenergebnis* aus. Damit geht sie über Zahlungsrechnungen wie die EAR hinaus, die nur die Veränderung des Geldvermögens ausweist. So unterscheiden sich Zahlungen und Erfolg beispielsweise bei Abschreibungen auf Wirtschaftsgüter (Zahlung früher, Aufwand jetzt), bei Einkauf auf Kredit (Zahlung später, Aufwand jetzt) und bei Anzahlungen auf noch nicht erbrachte Leistungen (Zahlung jetzt, Ertrag später).

2.3.1 Erhebung

Um die Ergebnisrechnung erstellen zu können, müssen zunächst die relevanten Daten für Erträge und Aufwendungen erhoben werden. Dabei handelt es sich einerseits um die persönlichen Erlöse der Abrechnungsperiode. Andererseits müssen alle Aufwendungen, die in der Abrechnungsperiode eingetreten sind, erfaßt werden. Beispiele für persönliche Erlöse sind Löhne, Gehälter, Zinsen, Dividenden, Mieteinnahmen und Gewinne; Lebenshaltungskosten, Transport- und Kommunikationskosten, Depotgebühren, Abschreibungen und Steuern sind Beispiele für persönliche Aufwendungen. Bei der Erhebung sind alle persönlichen Erlöse und

Erlöse und Aufwendungen

Rechnungs-abgrenzung

Aufwendungen zu erfassen und zu bewerten. Sind Zahlungen eingegangen bzw. geleistet worden, deren zugehöriger Ertrag bzw. zugehöriger Aufwand erst in der Zukunft realisiert wird, muß eine passive bzw. aktive *Rechnungsabgrenzung* vorgenommen werden. Wird beispielsweise eine Mietvorauszahlung für die nächste Periode geleistet, so darf dieser Betrag nicht in die Ergebnisrechnung übernommen werden, da der zugehörige Werteverbrauch erst in der Zukunft liegt. Geht umgekehrt eine Mietvorauszahlung ein, so muß aus dem gleichen Grund eine passive Rechnungsabgrenzung vorgenommen werden.

Brutto oder Netto

Auch bei der Ergebnisrechnung kann die Erhebung der Daten in Brutto- oder Nettoform erfolgen. Die reine Nettoerhebung behindert aber die Aussagekraft der Analyse. Eine Saldierung würde bedeuten, dass man Erträge mit Aufwendungen aufrechnet. Aufgabe der Ergebnisrechnung ist aber die *Gegenüberstellung* von Aufwendungen und Erträgen. Aus diesem Grund findet hier, wie auch bei Vermögensbilanz und EAR, das Bruttoprinzip Anwendung, d.h. alle Aufwendungen und Erträge werden unsaldiert ohne gegenseitige Aufrechnung erhoben. Viele der benötigten Daten lassen sich aus der aktuellen Steuererklärung ableiten.

Beispiel 2.3.1 Daisy möchte nicht nur wissen, was es mit ihrem Vermögen auf sich hat und was sie einnimmt und ausgibt, sondern sie möchte auch wissen, wie rentabel sie arbeitet. Deshalb beauftragt sie Donald, eine persönliche Ergebnisrechnung aufzustellen. Zu diesem Zweck will Donald zunächst alle Erlöse und alle Aufwendungen aus Daisy's Aktivitäten in der Berichtsperiode erheben.

2.3.2 Erstellung

Verfahren Wie bei der Vermögensbilanz gibt es auch bei der persönlichen Ergebnisrechnung keine vorgeschriebene Gliederung. Orientiert man sich an Empfehlungen, die für die Gewinn- und Verlustrechnung von Kapitalgesellschaften nach §275 HGB existieren, so kommt für die Ermittlung des Periodenergebnisses das *Gesamtkostenverfahren*, das sich auf die gesamte Leistungserstellung einer Periode bezieht, oder das *Umsatzkostenverfahren*, das sich nur auf die am Markt abgesetzten Leistungen bezieht, in Frage.

Unterschiede Daß bei beiden Verfahren das gleiche Ergebnis erzielt wird, sieht man an den folgenden Beziehungen. Für das Gesamtkostenverfahren gilt:

Aufwand   =   *Herstellungsaufwand*
Ertrag   =   *Umsatzerlöse – Bestandsabnahme*
                 + Bestandszunahme

Für das Umsatzkostenverfahren gilt:

Aufwand   =   *Herstellungsaufwand + Bestandsabnahme*
                 – Bestandszunahme
Ertrag   =   *Umsatzerlöse*

Beim Gesamtkostenverfahren werden *alle* Aufwandsarten einer Periode erfaßt; beim Umsatzkostenverfahren werden nur die für die am Markt abgesetzten Leistungen bzw. für die vom Markt empfangenen Erlöse relevanten Aufwendungen dokumentiert. Obwohl sich unterschiedliche Summen von Ertrag und Aufwand ergeben können, so ist doch die Differenz zwischen Ertrag und Aufwand bei beiden Verfahren die gleiche.

Gliederung   In verkürzter Form ergeben sich die Gliederungen bei beiden Vorgehensweisen wie in Tabellen 2.3-1 dargestellt (vgl. [WK02]). Beiden Verfahren gemeinsam ist die Berechnung der am Markt abgesetzten Leistungen. Unterschiede ergeben sich bei der Berechnung des Geschäftsergebnisses. Alle anderen Berechnungen sind dann wieder identisch.

2 Istaufnahme

Tabelle 2.3-1: Gesamtkosten- und Umsatzkostenverfahren

Gesamtkostenverfahren	Umsatzkostenverfahren
Umsatzerlöse	Umsatzerlöse
+/- Bestandsveränderungen	Herstellungskosten der zur Erzielung der
+ andere aktivierte Eigenleistungen	Erlöse erbrachten Leistungen
+ sonstige Erträge	= Bruttoergebnis vom Umsatz
- Materialaufwand	- Vertriebskosten
- Personalaufwand	- allgemeine Verwaltungskosten
- Abschreibungen	+ sonstige Erträge
- sonstige Aufwendungen	- sonstige Aufwendungen

= Geschäftsergebnis
~~+ Finanzergebnis~~
~~= gewöhnliches Geschäftergebnis~~
+ außerordentliche Erträge
- außerordentliche Aufwendungen
~~= außerordentliches Ergebnis~~
- Steuern vom Einkommen und Ertrag
- sonstige Steuern
= Periodenergebnis

Geschäftsergebnis

Die Begriffsbildung von Umsatzkosten- und Gesamtkostenverfahren, wie sie für Kapitalgesellschaften Anwendung finden, muß auf die Gegebenheiten einer persönlichen Ergebnisrechnung angepaßt werden. Insbesondere die Erträge bzw. Umsätze und Aufwendungen, die das Geschäftsergebnis bestimmen, müssen im Rahmen der persönlichen Gegebenheiten interpretiert werden. So kann es sinnvoll sein, die persönliche Ergebnisrechnung entsprechend der wirtschaftlichen Aktivitäten mit den Ertragsarten

- Selbständige Arbeit,
- Nicht selbständige Arbeit,
- Vermietung und Verpachtung,
- Gewerbebetrieb,
- Land- und Forstwirtschaft,
- Sonstiges

bezogen auf das Geschäftsergebnis zu gliedern. In den meisten Fällen erscheint das Umsatzkostenverfahren für die Erstellung der persönlichen Ergebnisrechnung geeignet zu sein.

Finanzergebnis   Das Finanzergebnis wird aus den Einkünften aus Kapitalvermögen abgeleitet und bestimmt sich wie folgt:

Finanzergebnis = *Erträge aus Beteiligungen + Erträge aus Wertpapieren und Ausleihungen + sonstige Zinsen und ähnliche Erträge - Zinsen und ähnliche Aufwendungen*

Der Ausweis des Finanzergebnisses ist von großer Bedeutung. Insbesondere die Finanzierung des Ruhestands und anderer Zeiten der Erwerbslosigkeit kann ohne Rückgriff auf das Nettovermögen durch ein positives Finanzergebnis erfolgen.

2 Istaufnahme

> Nachdem Donald nun alle Daten für die persönliche Ergebnisrechnung von Daisy erhoben hat, muß er sich entscheiden, ob er analog dem Gesamtkosten- oder dem Umsatzkostenverfahren bei der Erstellung der Ergebnisrechnung vorgehen will.

Beispiel 2.3.2

Ein Beispiel für eine persönliche, nach dem Umsatzkostenverfahren erstellte Ergebnisrechnung bezogen auf die Vermietung einer Immobilie ist in Tabelle 2.3-2 angegeben. Weitere Beispiele für persönliche Ergebnisrechnungen finden sich in [BS99].

Ergebnisrechnung Immobilie

Tabelle 2.3-2: Beispiel zum Umsatzkostenverfahren

Mieteinnahmen	9.800 GE
- Unterhaltskosten	4.000 GE
- Abschreibungen	3.100 GE
- Kosten der Verwaltung	1.700 GE
= Geschäftsergebnis	1.000 GE
+ Zinserträge	
- Zinsaufwand	
= gewöhnliches Geschäftsergebnis	1.000 GE
- Steuern	500 GE
= Periodenergebnis	500 GE

2.3.3 Analyse +Prognose

Wirtschaftlichkeit

Auf Basis der persönlichen Ergebnisrechnung ist eine Vielzahl von Analysen möglich. Für die Beurteilung der Ergebnisse persönlicher Aktivitäten sind Wirtschaftlichkeitsüberlegungen von Bedeutung.

Wirtschaftlichkeit = Ertrag / Aufwand

Man kann die Wirtschaftlichkeit der Aktivitäten *vor* Steuer und *nach* Steuer analysieren. Beide Ergebnisse können einer Soll- oder Benchmark-Wirtschaftlichkeit gegenübergestellt werden.

Rendite

Bei der Rendite unterscheidet man *Bruttorendite* (vor Steuern) und *Nettorendite* (nach Steuern). Für Beispiele zur Analyse der Rendite wollen wir uns auf die Untersuchung der Aktivitäten zur Vermietung und Verpachtung von Immobilien beschränken. Immobilien werden häufig mit ihrer Bruttorendite am Markt angeboten; für den Anleger ist jedoch die Nettorendite entscheidend, da nur diese zur Steigerung des Nettovermögens beiträgt.

Immobilien

Ein anderer Aspekt von Immobilien und anderen Anlageobjekten ist die Unterscheidung in laufende Rendite und in Gesamtrendite. Die *laufende Rendite* ist die Rendite einer Periode. Die *Gesamtrendite* ist die auf den Lebenszyklus des Anlageobjekts bezogene Rendite. Um die laufende Rendite eines Anlageobjekts bestimmen zu können, sind eine *Steuerrechnung*, eine *Liquiditätsrechnung*, eine *Ertragsrechnung* und eine *Rentabilitätsrechnung* durchzuführen. Die folgenden beispielhaften Ausführungen zur Berechnung von Renditen beziehen sich auf eine vermietete Immobilie. Neben den Daten der Ergebnisrechnung werden auch Daten der Vermögensbilanz berücksichtigt.

(1) Steuerrechnung

Steuerpflichtiger Ertrag = gewöhnliches Geschäftsergebnis
 = Geschäftsergebnis + Finanzergebnis
 = Mieteinnahmen − Unterhaltskosten
 − Abschreibungen − Kosten der Verwaltung
 + Zinsertrag − Zinsaufwand
Steuern = Steuerpflichtiger Ertrag
 * Durchschnittssteuersatz

(2) Liquiditätsrechnung

Liquidität nach Steuer = *Periodenergebnis + Abschreibung − Tilgung*
 − Rückstellungen
 = *Mieteinnahmen − Unterhaltskosten − Kosten*
 der Verwaltung + Zinsertrag − Zinsaufwand
 − Steuer + Abschreibung − Tilgung
 − Rückstellungen

(3) Ertragsrechnung

Ertrag nach Steuer = Periodenergebnis + Abschreibungen
+ Wertsteigerungen
= Mieteinnahmen – Unterhaltskosten – Kosten
der Verwaltung + Zinsertrag – Zinsaufwand
- Steuer + Abschreibung + Wertsteigerung

(4) Eigenkapitalrendite

Eigenkapitalrendite nach Steuer
= Ertrag nach Steuer / gebundenes Eigenkapital
= Ertrag nach Steuer / (Marktwert – Restschuld)

Die Analyse der Eigenkapitalrendite zielt auf Überlegungen, ob mit einer anderen Investition eine höhere Rendite erzielt werden kann.

(5) Objektrendite

Objektrendite nach Steuer
= (Ertrag nach Steuer – Zinserträge)/Marktwert

Die Objektrendite nach Steuer kann mit dem

Fremdkapitalzins nach Steuer
= Fremdkapitalzinssatz * (1-Grenzsteuersatz)

verglichen werden. Ist die Objektrendite größer (kleiner) als der Fremdkapitalzins erhöht (vermindert) sich durch die Fremdfinanzierung die Eigenkapitalrendite (Leverage-Effekt).

Beispiel 2.3.3

Donald hat sich für das Umsatzkostenverfahren entschieden, um damit die persönliche Ergebnisrechnung von Daisy zu erstellen. Daisy möchte von Donald gerne wissen, ob sie wirtschaftlich arbeitet. Darüber hinaus möchte sie wissen, welche Rendite nach Steuern ihre Aktivitäten im Bereich der Immobilienwirtschaft in der Berichtsperiode erbracht haben. Dabei interessiert sie sich besonders für Liquidität, Ertrag, laufende Eigenkapitalrendite, laufende Objektrendite und Fremdkapitalzins.

Interner Zinsfuß

Will man die Rendite einer Anlagealternative mit einer erhöhten Genauigkeit berechnen, sind die Zeitpunkte der Einzahlungen und Auszahlungen zu berücksichtigen. Dazu läßt sich die *Methode des internen Zinsfußes* einsetzen. Der interne Zinsfuß wird auch als Effektivzins einer Anlage bzw. Investition bezeichnet. Eine problematische Annahme dieser Methode ist jedoch die Reinvestitionsmöglichkeit der Auszahlungen zum berechneten internen Zinsfuß. Eine Alternative zur Methode des internen Zinsfußes ist die des *vollständigen Finanzplans*, bei der sämtliche Zahlungsströme, die mit der Investition verbunden sind, betrachtet werden (zum Vergleich der beiden Methoden an einem Beispiel vgl. [BS99, 195ff]). Weitere Möglichkeiten einer Analyse der persönlichen Ergebnisrechnung ergeben sich in Analogie zur Analyse der Erfolgsrechnung von Unternehmen (vgl. [Wöh00]).

2.4 Ausfallvorsorgerechnung

Zweck Die Ausfallvorsorgerechnung (AuVoR) beschäftigt sich mit Dokumentation und Analyse der finanziellen Folgen (un-) vorhersehbarer Lebensrisiken. Dabei geht es um die Prüfung von Möglichkeiten der Absicherung gegenüber Gefahren, deren Eintritt einen bedeutsamen finanziellen Schaden bedeuten würden. Welcher finanzielle Schaden für einen privaten Haushalt bedeutsam ist, hängt von seinen persönlichen Lebensumständen ab. Der finanzielle Schaden, der zu einer *Versorgungslücke* führt, muß abgesichert werden.

Risiken Erzielt eine Person ausschließlich Einnahmen aus eigener Arbeitskraft, so wird sie bestrebt sein, das Risiko nicht mehr arbeiten zu können, aus welchen Gründen auch immer, abzusichern. Erzielt andererseits eine

Person ausschließlich Einnahmen aus ihrem Vermögen, so wird sie versuchen, das Risiko des Vermögensverlustes besonders abzusichern. Eine Analyse der Herkunft und Wichtigkeit der Einnahmen ist auf Basis der Daten der EAR möglich.

Absicherung

Die Folgen von Risiken, die existenzbedrohend sind, müssen so weit wie möglich abgesichert werden. Eine grundlegende Maßnahme der Absicherung ist der Aufbau von Nettovermögen (Eigenkapital). Je größer das liquidierbare Nettovermögen im Gefahrenfall ist, desto geringer ist der Bedarf zur zusätzlichen Absicherung.

Da der Eintritt von Gefahren in der Zukunft liegt, müssen die finanziellen Konsequenzen auch auf die Zukunft bezogen werden. Ein Einflußfaktor sind (inflationsbedingte) Wertveränderungen des Kapitals, das zur Abdeckung von Risiken, die weit in der Zukunft liegen, benötigt wird.

Beispiel 2.4.1

Wenn Donald einmal etwas Ruhe findet, dann macht er sich über seine Zukunft Gedanken, insbesondere über das Geld, was er zukünftig braucht, um seinen Lebensstandard zu halten. Zukünftige Ausgaben müssen (inflationsbedingte) Preissteigerungen für die entsprechenden Güter berücksichtigen. So kann sich der

> Kapitalbedarf für ein Gut, das in dreißig Jahren erworben werden soll, im Vergleich zum heutigen Kapitalbedarf durchaus verdoppeln. Solche Gedanken treiben Donald die Sorgenfalten auf die Stirn.

2.4.1 Erhebung

Vorgehen
Zunächst ist es sinnvoll, die Herkunft der aktuellen Einnahmen wie sie in der EAR enthalten sind, auch für die AuVoR zu übernehmen. Daraus geht hervor mit welchen Anteilen Arbeit und verschiedene andere Vermögensarten zu den regelmäßigen Einnahmen beitragen. Zusätzlich sollte die aktuelle Vermögens- und Ausgabensituation auf Basis von Vermögensbilanz und EAR identifiziert werden.

Beispiel 2.4.2
> Daisy hat es bisher versäumt, ihre Einnahmen nach Aktivitäten unterschieden zu erheben. Einen ersten Einstieg in die Betrachtung hat die persönliche Ergebnisrechnung gebracht. Nun will sie aber die Anteile einzelner Einnahmen bezogen auf verschiedene Vermögensarten ermitteln. Sie weiß, je höher der Einnahmenanteil einer Vermögensart ist, desto höher ist ihre Bedeutung für die Ausfallvorsorge. Sie bittet Donald, die nötigen Arbeiten zu erledigen.

2 Istaufnahme

Hat man sich einen Überblick über die individuelle Einnahmenverteilung verschafft, erhebt man persönliche Lebensrisiken und ihre Wirkung auf die verschiedenen Einnahmearten. Beispiele für persönliche Lebensrisiken sind:

Lebensrisiken

- Krankheit,
- Unfall,
- Haftpflicht,
- Pflegebedürftigkeit,
- Arbeitslosigkeit,
- Vermögensschäden,
- Berufsunfähigkeit,
- Erwerbsunfähigkeit,
- Tod der oder des Versorgers und
- Scheidung.

Wegen der finanziellen Konsequenzen werden häufig Arbeitslosigkeit, Berufsunfähigkeit, verminderte Erwerbsfähigkeit, Pflegebedürftigkeit und Tod zu den wichtigsten Lebensrisiken gezählt. Diesen sollte man im Rahmen der Ausfallvorsorgeberechnung besondere Beachtung schenken. Daneben gibt es natürlich noch bedeutsame individuelle Risiken, die sich jedoch einer Generalisierung weitgehend entziehen.

2.4.2 Erstellung

Versorgungs-ziel

Ziel der Erstellung der AuVoR ist die Bestimmung der aktuellen Versorgungslücke bei Eintritt der angenommenen Gefahren. Diese wird abgeleitet aus dem *Versorgungsziel* einer Person, das sich an ihrem gegenwärtigen Lebensstandard. d.h. am Nettoeinkommen, und der bereits existierenden Risikoabsicherung orientiert.

Versorgungs-lücke

Beispielhafte Versorgungslücken für verschiedene Risiken sind in [BS99, 223] angegeben. Dabei zeigt sich, daß die Versorgungslücke in Prozent des Nettoeinkommens vom Arbeitsunfall über Krankheit, Tod, Erwerbsunfähigkeit bis zur Berufsunfähigkeit (mit einer Versorgungslücke von bis zu 82%) immer weiter zunimmt.

Zur Bestimmung der Versorgungslücke, sind die einzelnen Risiken zu bewerten. Dabei geht man häufig vom 'worst case' aus, d.h. dem größtmöglichen eintretenden finanziellen Schaden bei Eintritt einer Gefahr. Nach Gefahrenklassen lassen sich grob *existenzzerstörende*, *existenzbedrohende* und *existenzneutrale* Risiken unterscheiden. Genauere Aufschlüsse über das Gewicht des Risikos lassen sich durch individuelle Simulationen gewinnen, die vom Eintreten einer Gefahr und allen daraus folgenden Konsequenzen auf Grund der persönlichen Lebensumstände ausgehen. Gängige Szenarien für eine Simulation sind Krankheit, Berufs- oder Erwerbsunfähigkeit und Tod. In [BS99, 225] sind die relevanten Szenarien mit ihren Konsequenzen beschrieben.

Unter der Annahme, daß das Versorgungsziel die Aufrechterhaltung des aktuellen Lebensstandards ist und dieser durch das aktuelle Nettogehalt gewährleistet ist, beträgt die Versorgungslücke beispielsweise bei längerer Krankheit ca. 22,5% und bei Pflegebedürftigkeit kann sie auf über 100% des aktuellen Nettogehalts ansteigen. Diese Untersuchungen zeigen, dass beispielsweise die Pflegebedürftigkeit häufig das bedeutendste Ausfallrisiko darstellt.

Die Berechnung der Versorgungslücke erfolgt in vier Schritten: **Berechnung**
1. Aktuelles Versorgungsziel ermitteln.
2. Auswahl der relevanten Szenarien bei Eintritt einer Gefahr.
3. Ermittlung aller resultierenden Einnahmen und Ausgaben.
4. Bestimmung von Über- oder Unterdeckung des Versorgungsziels (Versorgungslücke).

Beispiel 2.4.3 Während Donald sich mit Überlegungen zur AuVoR für Daisy beschäftigt, fällt ihm ein, daß er selbst auch Ausfallrisiken unterliegt, die bei ihm eine Versorgungslücke erzeugen könnten. Er stellt sofort die Arbeiten für Daisy ein und widmet sich seinem eigenen Problem. Er malt sich aus, was passieren würde, wenn er längere Zeit krank wäre. Da er weiß, daß viel Ungemach im Leben droht, möchte er seine Versorgungslücken bei längerer Krankheit, bei Pflegebedürftigkeit und bei verminderter Erwerbsfähigkeit berechnen. Danach will er seine aktuelle Absicherung ermitteln. Diese besteht zunächst in den Leistungen der vorhandenen gesetzlichen (Sozial-) und persönlichen Versicherungen. All dies bringt Donald dazu, sich einen umfassenden Überblick über die Absicherung aller seiner Lebensrisiken zu verschaffen.

Ergebnis Wird eine Versorgungslücke auch nach Berücksichtigung der existierenden Absicherung ermittelt, erfolgen Überlegungen zu ihrer Schließung im Rahmen des Sollkonzepts. Bleibt noch zu erwähnen, daß es natürlich auch Risiken mit erheblichen finanziellen Konsequenzen gibt, gegen die man sich üblicherweise nicht bei Dritten versichern kann, wie beispielsweise eine Scheidung oder ein Konkurs. Zur Absicherung solcher Risiken bleibt nur der Aufbau von Nettovermögen.

2.5 Altersvorsorgerechnung

Ein mit einer Wahrscheinlichkeit von eins eintretendes Risiko für einen Menschen ist das Älterwerden. Die Altersvorsorgerechnung (AlVoR) ist somit ein Spezialfall der Ausfallvorsorgerechnung, dessen Behandlung für die meisten Personen von erheblicher Relevanz ist. **Zweck**

2.5.1 Erhebung

Basis der AlVoR ist die Berechnung der zu erwartenden Rentenzahlungen. Diese können durch Zahlungen aus **Rente**

- der gesetzlichen Rentenversicherung,
- der Vorsorge im öffentlichen Dienst,
- berufsständischen Versorgungswerken für freie Berufe,
- betrieblicher Altersvorsorge,
- privater Altersvorsorge oder
- Anlage von Auszahlungen kapitalbildender Versicherungen bestehen.

Hinzu kommen sonstige erwartete Einnahmen.

Beispiel 2.5.1 Aufgeschreckt durch die vielen Lebensrisiken, macht sich Donald sorgen um seine Zukunft. Er möchte wissen aus welchen Quellen er später Rentenzahlungen erwarten kann und wie hoch die Leistungen wahrscheinlich sein werden.

2.5.2 Erstellung

Rentenberechnungen Um zukünftige Versorgungsansprüche abschätzen zu können, benötigt man die Verläufe von gesetzlicher, betrieblicher und privater Rentenversicherung. Je nach Rentenart ergibt sich eine unterschiedliche Berechnungsvorschrift. Einen Überblick über Rentenberechnungen gibt [BS99,233ff]. Bei persönlichen Rentenversicherungen ist es nötig, daß die Garantiezahlungen und etwaige Überschußbeteiligungen bezogen auf den Planungszeitpunkt inflationsbereinigt werden. Neben den Rentenansprüchen sind noch andere zukünftig erwartete Einnahmen wie beispielsweise Einkünfte aus Vermietung und Verpachtung oder Kapitalvermögen zu berücksichtigen.

2 Istaufnahme

Sind alle zu erwartenden zukünftigen monatlichen Einnahmen bestimmt, ist auch hier zu fragen, ob ausgehend von einem Versorgungsziel eine *Versorgungslücke* besteht. Bei der Berechnung der Versorgungslücke ist wieder zwischen Nominal- und Realrechnung zu unterscheiden. Bei der Nominalrechnung wird die Inflation in die Zahlungen hinein-, bei der Realrechnung herausgerechnet.

Versorgungslücke

Zur Berücksichtigung der Inflationsrate existiert eine Faustformel: 72 geteilt durch die erwartete durchschnittliche Inflationsrate entspricht der Anzahl von Jahren nachdem sich die Kaufkraft eines heutigen Geldbetrags halbiert. Bei 3% Inflationsrate könnten wir uns in 24 Jahren für unser heutiges Einkommen nur noch die Hälfte kaufen bzw. wir benötigten das doppelte Einkommen für den heutigen Konsum.

Faustformel

Nachdem Donald sich einen Überblick über die erwarteten Leistungen seiner Rentenversicherungen verschaffen konnte, möchte er nun wissen, ob er mit einer Versorgungslücke im Alter rechnen muß. Donald ist auch bekannt, daß bei Ausgaben, die die Zukunft betreffen, (inflationsbedingte) Preissteigerungen für die entsprechenden Güter berücksichtigt werden müssen. Ist die nominale Versorgungslücke ermittelt, so muß diese in eine reale Versorgungslücke umgerechnet werden. Do-

Beispiel 2.5.2

nald möchte auch wissen, welche Sparleistung er erbringen muß, um die Versorgungslücke zu schließen.

Unabhängig von der Entscheidung bezüglich der Rechenart ist zur Bestimmung der Versorgungslücke der Finanzbedarf für den Ruhestand durch eine genaue Einnahmen- und Ausgabenplanung zu ermitteln. Wurde eine Versorgungslücke ermittelt, erfolgt eine detaillierte Altersvorsorgeplanung im Rahmen des Sollkonzeptes.

2.6 Steuerrechnung

Zweck Jede natürliche Person mit gewöhnlichem Aufenthalt im Inland unterliegt der nationalen Einkommensteuer. Dabei handelt es sich um eine Personensteuer, bei der die persönlichen Verhältnisse und die wirtschaftliche Leistungsfähigkeit des Steuerpflichtigen berücksichtigt werden. Obwohl es noch andere Privatsteuern und Abgaben gibt, die im Rahmen der persönlichen Finanzplanung von Bedeutung sind, wie beispielsweise Solidaritätszuschlag auf die Einkommensteuer, Kirchensteuer, Erbschaftssteuer, Kraftfahrzeugsteuer, Grunderwerbssteuer, Grundsteuer, etc., wollen wir die Diskussion hier auf die Einkommensteuer beschränken.

2 Istaufnahme

Die Steuerrechnung wird durch sich laufend verändernde gesetzliche Regelungen beeinflußt. Dies bedeutet auch, daß *Steuerparameter* wie Pauschbeträge, Freibeträge, Höchstsätze, Mindestsätze etc. häufigen Änderungen unterliegen. Die Durchführung der Steuerrechnung ist ohne Kenntnis der einschlägigen gesetzlichen Regelungen nicht möglich.

2.6.1 Erhebung

Die Erhebung der Daten für die Steuerrechnung orientiert sich an den folgenden Einkunftsarten: — **Einkunftsarten**

(1) Einkünfte aus Land- und Forstwirtschaft,
(2) Einkünfte aus Gewerbebetrieb,
(3) Einkünfte aus selbständiger Arbeit,
(4) Einkünfte aus nichtselbständiger Arbeit,
(5) Einkünfte aus Kapitalvermögen,
(6) Einkünfte aus Vermietung und Verpachtung und
(7) Sonstige Einkünfte.

Um die steuerpflichtigen Einkünfte errechnen zu können, sind für die sieben Einkunftsarten alle *Einnahmen* und alle *Werbungskosten* zu erheben. Werbungskosten sind Ausgaben, die mit einer Einkunftsart — **Einnahmen Werbungskosten** in Verbindung stehen und den erzielten Einnahmen als dafür notwendige Ausgaben gegenübergestellt werden können.

Belege Grundlage der Erhebung von Einnahmen und Ausgaben sind alle Belege, die im Laufe eines Jahres gesammelt worden sind. Dazu gehören beispielsweise Rechnungen, Lohnsteuerkarte, Steuernachweise, Kontoauszüge, Quittungen und Kassenzettel über den Erwerb von Gütern und Dienstleistungen, Kaufverträge, Spendenbescheinigungen, Parkscheine, Fahrkarten, etc. Auf dem jeweiligen Beleg muß die Art der Aufwendung, die Höhe und das Datum der Ausgabe und die Veranlassung vermerkt sein.

Die Zusammenstellung von Einnahmen und Ausgaben kann sich als sehr mühsames Unterfangen herausstellen. Beispiele für eine umfangreiche Kalkulation sind die Erhebung der Daten für die Nutzung des Autos, für das häusliche Arbeitszimmer - je nachdem ob es sich in gemieteten Räumen oder selbst genutzten Eigentum befindet -, für Arbeitsmittel und ihre Abschreibungen, für Dienstreisen und Fortbildungen, für Unfälle, für die Vorsorge etc. Grundsätzlich wirkt sich aber eine sorgfältige Zusammenstellung aller Daten vorteilhaft auf die Genauigkeit der Steuerrechnung aus.

2 Istaufnahme

Beispiel 2.6.1

Auch in Entenhausen müssen Steuern gezahlt werden. Daisy sitzt an ihrer Steuererklärung. Bisher hat sie einen pauschalierten Betrag pro gefahrenen Kilometer angesetzt. In Anbetracht der gestiegenen Betriebskosten für Kraftfahrzeuge möchte sie die tatsächlichen Kosten pro Kilometer ermitteln. Außerdem möchte sie ihre steuerlich abziehbaren Vorsorgeaufwendungen ermitteln.

Die Ergebnisse der Erhebung werden in (elektronische) Vordrucke, die von den Finanzämtern zur Verfügung gestellt werden, eingetragen. Diese dienen dann zur *Erklärung* der Einkommensteuer gegenüber der Finanzverwaltung.

2.6.2 Erstellung

Berechnung

Die Erstellung der Steuerrechnung wird abschließend von den Finanzämtern durchgeführt. Jedoch ist es sinnvoll eine Steuerrechnung in Form einer Kontrollrechnung auch in eigener Regie durchzuführen.

Die Ermittlung der Einkommensteuer erfolgt nach einem einheitlichen Schema. Von den einzelnen Einkunftsarten werden die damit verbundenen Werbungskosten abgezogen. Die ermittelte Differenz ist steuerpflichtig. Die letztlich zu zahlende Steuer wird durch eine mehrstufige Kalkulation unter Einbezug des anzuwendenden Steuertarifs ermittelt.

Beispiel 2.6.2

Daisy hat ihre Steuererklärung fertiggestellt. Sie möchte nun wissen, wie hoch die Steuern sind, die sie zu bezahlen hat. Möchte sie das Ergebnis selbst ermitteln, so muß sie ihre persönliche Steuerrechnung erstellen.

Steuersätze

Ergebnis der Steuerrechnung sind u.a. das zu versteuernde Einkommen x und die darauf entfallende tarifliche Einkommensteuer $f(x)$. Daraus lassen sich der Durchschnitts- und der Grenzsteuersatz bestimmen, die Grundlage einer späteren Steuerplanung sind. Der *Durchschnittssteuersatz* gibt an, wie hoch der prozentuale Anteil der Einkommensteuer am zu versteuernden Einkommen ist, d.h. $f(x)/x$. Der *Grenzsteuersatz* gibt an, mit welchem Prozentsatz eine Geldeinheit zusätzlichen Einkommens besteuert wird, d.h. $df(x)/dx$. In Analogie läßt sich auch ermitteln, wie sich eine Geldeinheit zusätzlichen Aufwands auf die Besteuerung auswirkt.

Literatur

[BH95] Berens,W., Hoffjan,A., *Wertermittlung von Immobilien auf Basis vollständiger Finanzpläne, ZfbF* 47 (4), 1995, 373-395

[BS99] Böckhoff,M., Stracke,G., *Der Finanzplaner*, Sauer,1999

[Wöh00] Wöhe,G., *Einführung in die Allgemeine Betriebswirtschaftslehre*, Vahlen, 2000

[WK02] Wöhe,G., Kußmaul,H., *Grundzüge der Buchführung und Bilanztechnik*, Vahlen, 2002

3 Sollkonzept

Zweck

Ausgehend von den Stärken und Schwächen der persönlichen finanziellen Verhältnisse, die die verschiedenen Analysen im Rahmen der Istaufnahme ergeben haben, wird das Sollkonzept erstellt. Das Sollkonzept hat die Aufgabe, einen *Zielzustand* der persönlichen Finanzplanung zu definieren, der mit Hilfe der sich anschließenden Maßnahmenplanung auch erreicht werden soll. Die Erarbeitung des Zielzustands wird zerlegt in die Aktivitäten

(1) Bestimmung der Anlageziele,
(2) Risikotypisierung,
(3) Vorsorgekonzept,
(4) Vollständige Einnahmen-Ausgaben-Rechnung,
(5) Vermögensplanbilanz.

Ziele

Im Zentrum des Sollkonzepts steht die mittel- bis langfristige Finanzplanung, die mit der Festlegung persönlicher *finanzieller Ziele* beginnt. Damit verbunden ist eine Vorausschau auf zukünftige Vorsorge, zukünftige Einnahmen und Ausgaben sowie zukünftiges Vermögen unter Berücksichtigung der persönlichen Risikoeinstellung. Der *Planungshorizont* kann sich bis zum erwarteten Lebensende, unter Einbeziehung der Erbschaftsplanung, aber auch darüber hinaus erstrecken. Die Ergebnisse des Sollkonzepts bilden die Rahmenbedingungen der sich anschließenden Maßnahmenplanung.

Präferenzen und Restriktionen

Neben den Ergebnissen der Istaufnahme sind individuelle Präferenzen und persönliche Restriktionen zu berücksichtigen. Dazu werden zunächst die (Lebens-) Ziele und der Bedarf an finanziellen Mitteln zu ihrer Erfüllung unter Beachtung zeitlicher Randbedingungen herausgearbeitet. Mit diesen Informationen werden die finanziellen Bedürfnisse bzw. Anlageziele in Form *geplanter* Ausgaben nach Zeitpunkt und Höhe genauer definiert.

Daneben muß geklärt werden, welchen *Risiken* sich eine Person bei den Maßnahmen zur Erreichung der Anlageziele aussetzen möchte. Risiko (zu unterschiedlichen Risikomaßen vgl. [Spr99, 217ff]) steht hier für die Möglichkeit, daß *Erwartungen* bzw. Annahmen, die Grundlage der Entscheidungsfindung sind, nicht eintreten.

Vorsorge

Sind Anlageziele und Risikotyp der Person bestimmt, so geht es zunächst im Rahmen des *Vorsorgekonzepts* um die Absicherung von Lebensrisiken, die

3 Sollkonzept

dem Erwerb von Einnahmen entgegenstehen, bzw. die eine gravierende Erhöhung der Einnahmen zur Ausgabendeckung nötig machen könnten.

Aufbauend auf Anlagezielen, Risikotyp, Vorsorgekonzept und sonstigen persönlichen Informationen wird eine *vollständige Einnahmen-Ausgaben-Rechnung* (EAR) erstellt. Sie enthält möglichst periodengenau alle *geplanten* zukünftigen Einnahmen und Ausgaben. Mit Hilfe der vollständigen EAR ist zu klären, ob das heutige Nettovermögen und alle in der Zukunft erwarteten diskontierten Einnahmen ausreichen, um alle zukünftigen diskontierten Ausgaben zu decken.

Vollständige Einnahmen-Ausgaben-Rechnung

Im Falle einer positiven Antwort und unter der Annahme, daß keine weitere Vermögensmehrung angestrebt wird, ist nur noch festzulegen, wie die Ertragsentnahme und Liquidation aus dem Nettovermögen im Zeitverlauf erfolgen soll. Im anderen, wohl häufiger auftretenden Fall, geht es um die Klärung der Frage, wie die Einnahmen gesteigert, Ausgaben vermieden und verfügbare finanzielle Mittel heute und in der Zukunft investiert werden sollen, damit die geplanten Ausgaben für die zu realisierenden Ziele möglich werden.

Vermögensmehrung

Vermögens-planbilanz

Es werden eine oder mehrere *Vermögensplanbilanzen* erstellt, um festzulegen, wie sich in der Zukunft Kapital und Vermögen gegenüberstehen sollen. Eine wichtige Position einer Vermögensplanbilanz sind Reservierungen von Kapital, die für die Realisierung persönlicher Ziele und die Vorsorge gebildet werden. Das Nettovermögen der Vermögensplanbilanzen wird mit den Saldi aus den vollständigen EAR fortgeschrieben.

Allokation von Vermögen und Kapital

Die Vermögensplanbilanz zeigt eine wertmäßig absolute und relative Aufteilung der Aktiva und Passiva. Diese festzulegen, ist Aufgabe von Asset Allocation und Capital Allocation. *Capital Allocation* bedeutet eine numerische Aufteilung der Passiva in reserviertes und freies Eigenkapital, in Verbindlichkeiten und in Rückstellungen entsprechend ihrer Verwendung. *Asset Allocation* entscheidet über die Aufteilung des Vermögens auf der Aktivseite, d.h. welchen Anteil sollen liquide Anlagen, Immobilien, Unternehmensbeteiligungen und das sonstige Vermögen in der Zukunft haben und wie sollen die einzelnen Klassen von Aktiva nach unterschiedlichen Gesichtspunkten diversifiziert sein. Diese Festlegung geschieht auf Basis der Ergebnisse der Capital Allocation sowie des Risikotyps der Person unter den Aspekten Liquidität, Rendite und Risiko der Vermögenspositionen. In Abbildung 3-1 sind die Instrumente des Sollkonzepts nochmals dargestellt.

3 Sollkonzept

Die Instrumente lassen sich nicht in beliebiger Reihenfolge einsetzen. Beispielsweise ist die Kenntnis der Anlageziele Voraussetzung für eine vollständige EAR. Bevor die Vermögensplanbilanz erstellt wird, sollten schon alle anderen Instrumente angewendet worden sein.

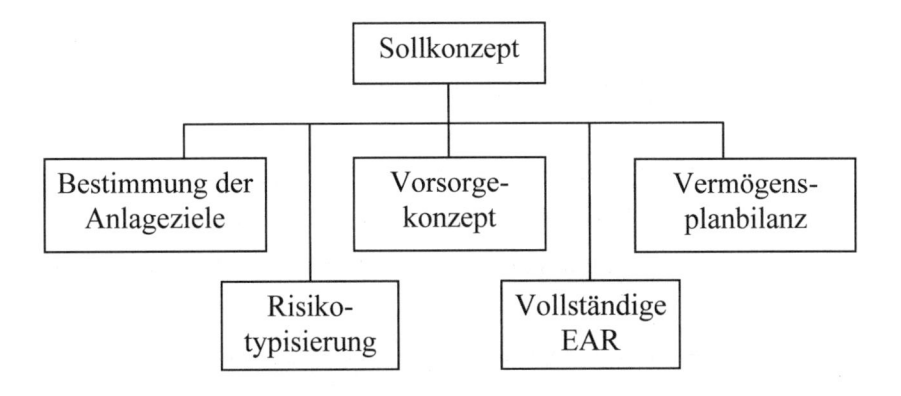

```
                    Sollkonzept
        ┌───────────────┼───────────────┐
  Bestimmung der    Vorsorge-      Vermögens-
   Anlageziele      konzept        planbilanz
                  ┌─────┴─────┐
                Risiko-     Vollständige
              typisierung       EAR
```

Abb. 3-1: Instrumente des Sollkonzepts

3.1 Bestimmung der Anlageziele

Ein Anlageziel bezieht sich auf einen in der Zukunft für eine Ausgabe benötigten Geldbetrag. Zur Bestimmung persönlicher Anlageziele müssen (Lebens-) Ziele und der Bedarf an finanziellen Mitteln zu ihrer Erfüllung

Zweck

herausgearbeitet werden (vgl. [Spr99, 78ff]). Noch bevor Anlageziele identifiziert werden, ist Einigkeit über die *Leitideen* der persönlichen Finanzplanung herzustellen. Leitideen sind über eine längere Zeitdauer gültig und sind der Kompass des Vorgehens im Rahmen des Sollkonzepts. Sie dienen in jedem der Schritte als Orientierungshilfe bei der Interpretation der Ergebnisse.

Leitideen

Als mögliche Leitideen für die persönliche Finanzplanung gelten beispielsweise

- Flexibilität bei der Entscheidungsfindung durch schnelle Liquidierbarkeit von Vermögen,
- Kapitalerhaltung und Wertstabilität des Vermögens,
- Renditeorientierung des eingesetzten Kapitals,
- spekulative Orientierung und
- hybride Orientierung des Anlegers.

Spekulation
Flexibilität
Stabilität
Rendite

Bei der Leitidee der Flexibilität wird einer schnellen Reaktion auf persönliche Verfügungswünsche Rechnung getragen. Bei Kapitalerhaltung und Wertstabilität geht es darum, das Vermögen gegen inflatorische Entwertung zu sichern. Oftmals führt diese Leitidee bei einer Investition zur Bevorzugung von Sachvermögen gegenüber Finanzvermögen. Renditeorientierung versucht das Vermögen unter der Nebenbedingung der Risikobegrenzung zu mehren. Die spekulative Orientierung entspricht einer nahezu uneingeschränkten Renditeorientierung auch unter Akzeptanz eines eintretenden Totalverlustes.

Die hybride Orientierung folgt einer Kombination aus Sicherheit, Flexibilität sowie Unabhängigkeit und ist abgestellt auf die Lebenssituation der Person. Diese Art der Orientierung soll weitgehenden Schutz vor den Konsequenzen des Eintretens negativer Ereignisse, Möglichkeiten zur Wahrnehmung von Optionen und weitestgehende finanzielle Unabhängigkeit von Dritten bieten.

Die Anwendbarkeit einer Leitidee ist häufig abhängig vom *Lebensalter* des Investors. In jungen Jahren überwiegt das spekulative Moment, im mittleren Lebensalter die Renditeorientierung und später dann die hybride Orientierung, und zwar umso mehr, je abhängiger man vom eigenen Vermögen bei seiner Lebensführung ist. Flexibilität und Wertstabilität des Vermögens sind in jeder Lebensphase wichtig.

Leitideen und Lebensalter

Persönliche Anlageziele beziehen sich im Kern auf die angestrebten Möglichkeiten der *Verwendung* des (Eigen-) Kapitals. Bei der Bestimmung der Anlageziele sollte man realistisch sein. So sollte man das eige-

Anlageziele

ne Alter, bereits eingegangene Verpflichtungen, die berufliche Situation und vieles mehr in die Überlegungen einbeziehen. Einige Beispiele sollen verdeutlichen, in welcher unterschiedlichen Art und Weise Anlageziele von Personen formuliert werden (vgl. [BS99, 293]). Dabei steht nicht immer die Verwendung des Kapitals im Vordergrund.

- Rendite an den Marktgegebenheiten ausrichten,
- finanzielle Unabhängigkeit erreichen,
- möglichst hoher Lebensstandard auch im Ruhestand,
- Minimierung der Steuerbelastung,
- ein paar Notgroschen aufbauen,
- für die Zukunft sparen,
- Ertrags- und Liquiditätssituation für Risikofälle optimieren,
- Wohnen im eigenen Heim,
- für die Ausbildung der Kinder sorgen,
- sich einmal etwas Ausgefallenes leisten können,
- etc.

Klassen von Anlagezielen

Eine vollständige Aufzählung aller möglichen Formulierungen von (vermeintlichen) Anlagezielen kann hier natürlich nicht erfolgen. Wir wollen uns auf zwei Klassen von Zielen beschränken: solche, die auf einen konkreten Verwendungszweck gerichtet sind und

3 Sollkonzept

jene, die einen solchen nicht haben. Die ersteren bezeichnen wir auch als Anlageziele im engeren Sinne, die letzteren als Anlageziele im weiteren Sinne.

Anlageziele *im engeren Sinn* werden als Ausgaben bestimmten Zeitpunkten zugeordnet; Anlageziele *im weiteren Sinn* werden dokumentiert, aber noch nicht als Ausgaben spezifiziert.

> Daisy ist mit Donald's Arbeiten für die Istaufnahme sehr zufrieden und bittet ihn deshalb, auch ein Sollkonzept für sie zu erstellen. Daisy erläutert Donald ihre finanziellen Lebensziele für die nächsten zehn Jahre. Donald erkennt, daß Daisy Anlageziele mit und ohne Verwendungszweck hat. Er bittet sie, die geschätzten Ausgaben, das Jahr der angestrebten Realisierung des Ziels und, wenn möglich, auch den Monat anzugeben. Das Ergebnis wird in einer Tabelle zusammengefaßt.

Beispiel 3.1.1

Aus der (Ist-) Vermögensbilanz ist das aktuelle Nettovermögen (Eigenkapital) bekannt. Seine Verwendung hängt davon ab, ob es zur Deckung zukünftiger Ausgaben eingesetzt werden soll, d.h. ein Verwendungszweck schon feststeht (Lunch Money), oder ob es bisher ohne Zweckbindung ist, d.h. ein Verwendungszweck noch gefunden werden muß (Smart Money). *Lunch Money* ist die Finanzierungsbasis der Anlagezie-

Lunch Money
Smart Money

le im engeren Sinne und *Smart Money* die der Anlageziele im weiteren Sinne.

Investive Ausgaben

Im Falle von Lebenszielen, die investive Ausgaben bedingen, sollte hier schon eine erste *Renditeberechnung* angestellt werden. Gleichermaßen sollte auch schon eine mit der Investition verbundene überschlägige *Liquiditätsberechnung* durchgeführt werden.

Beispiel 3.1.2

Daisy hat als Anlageziel den Erwerb einer zur Vermietung bestimmten Immobilie angegeben. Sie hat dabei zwei Alternativen im Auge und fragt Donald, für welche der beiden Alternativen sie sich unter den Kriterien Eigenkapital- und Gesamtkapitalrentabilität entscheiden sollte. Da Daisy beabsichtigt, die Immobilie teilweise mit Fremdkapital zu finanzieren, möchte sie auch ihre monatlichen Auszahlungen für Zins und Tilgung unter Berücksichtigung steuerlicher Aspekte für beide Alternativen kennen. Auch zu dieser Frage soll Donald Stellung nehmen.

Verwendungszweck

Ordnet man die Anlageziele mit Verwendungszweck und ohne Verwendungszweck den Oberzielen *Aufbau von Liquidität*, *Zwecksparen* und *Vermögenswachstum* zu, so wird die Verwendungssicht deutlich. Der Aufbau von Liquidität und das Zwecksparen sind dem Lunch Money nahe, während das Ziel des Vermö-

3 Sollkonzept

genswachstums eher mit dem Smart Money in Verbindung steht.

Ist das Nettovermögen für fest definierte zukünftige Ausgaben zu verwenden (Lunch Money), spricht man auch vom *reservierten* Nettovermögen (RNV); Voraussetzung für die Reservierung ist die Kenntnis über das Objekt, auf das sich die Verwendung bezieht, über die Höhe des erforderlichen Betrags und über den Zeitpunkt, zu dem die Verwendung realisiert werden soll. Beispiele für solche Verwendungszwecke sind der Kauf einer Eigentumswohnung, die Ausbildung der Kinder oder die Schließung einer Versorgungslücke bei der Altersversorgung.

Reserviertes Nettovermögen

Steht bisher kein konkreter Verwendungszweck fest (Smart Money), so spricht man auch vom *freien* Nettovermögen (FNV). Anhaltspunkte für die Zuordnung zum FNV sind Aussagen wie beispielsweise "für die Zukunft sparen", "sich einmal etwas Ausgefallenes leisten können" oder "ein paar Notgroschen aufbauen".

Freies Nettovermögen

Ist die Zuordnung der Anlageziele bezogen auf das RNV und FNV bekannt, so gibt diese Aufteilung hier schon Aufschlüsse über die Einteilung des Eigenkapitals in freie und reservierte Anteile. Eine detaillierte *Aufteilung* in RNV und FNV wird im Rahmen der

Erstellung der Vermögensplanbilanz bei der *Capital Allocation* gemacht.

Leitideen und Nettovermögen

Häufig entscheidet man sich, das RNV sicherheitsorientiert anzulegen, damit der beabsichtigte Verwendungszweck mit größter Wahrscheinlichkeit realisiert werden kann. Leitidee ist also hier die *Risikominimierung*. Das FNV wird häufig rendite- und wachstumsorientiert angelegt. Leitidee ist also die *Renditemaximierung*. Die Höhe von RNV und FNV kann sich im Zeitverlauf ändern. Die *Anlage* von RNV und FNV wird im Rahmen der Erstellung der Vermögensplanbilanz bei der Asset Allocation behandelt.

3.2 Risikotypisierung

Risikobereitschaft Risikofähigkeit

Für eine Person sind zwei Aspekte im Umgang mit dem Risiko von Bedeutung: ihre *Risikobereitschaft* und ihre *Risikofähigkeit*. Die Risikobereitschaft einer Person drückt aus, in welchem *subjektiven* Maß sie bereit ist, Risiken bei einer Entscheidung einzugehen. Unabhängig davon ist die Risikofähigkeit ein *objektives* Maß dafür, wieviel Risiko ihre finanzielle Situation verträgt.

3 Sollkonzept

Die Risikobereitschaft einer Person wird durch ihre *Nutzenfunktion* gemessen (vgl. [BGS99, 5ff]). Die Risikofähigkeit läßt sich durch Konzepte des *'relative value at risk'* bestimmen (vgl. [HR00, 32ff]). Faßt man Risikobereitschaft und Risikofähigkeit zu einer einzigen Maßzahl zusammen, so bezeichnet man das als *Risikotoleranz*:

Risikotoleranz

Risikotoleranz = f (*Risikobereitschaft, Risikofähigkeit*)

Spricht man beispielsweise von einer niedrigen Risikotoleranz, so ist es egal, ob ein niedriges Risiko aus subjektiven oder aus objektiven Gründen gewünscht wird.

Die theoretische Grundlage zur Ermittlung der Risikobereitschaft bildet das *Erwartungsnutzenkonzept*. Einfach ist die Risikoeinschätzung einer sicheren Anlage. Wie läßt sich aber das Risiko von unsicheren Anlagen mit Hilfe des Erwartungsnutzenkonzepts beurteilen, bzw. wie läßt sich das *Risiko* mit Hilfe einer *Nutzenfunktion U* repräsentieren? Wir wollen annehmen, daß ein Investor mehr Vermögen W_1 gegenüber weniger Vermögen W_2 bevorzugt, bzw. einen höheren Nutzen zuordnet; d.h. wenn $W_1 > W_2$, dann gilt $U(W_1) > U(W_2)$. Ausgangspunkt der Überlegungen ist das folgende Szenario.

Erwartungsnutzen

Portfolio Ein Investor verfügt über ein Anfangsvermögen W_t. Es soll zum Zeitpunkt t investiert und zum Zeitpunkt $t+1$ liquidiert werden. In t stehen $n+1$ Anlagealternativen $i=0,...,n$ zur Verfügung, auf die der Investor sein Anfangsvermögen W_t in den Anteilen x_i verteilt und damit ein Portfolio P bildet, mit $P = (x_0,...,x_n)$. Es sei W'_P das liquidierte Endvermögen. Bezogen auf das Zeitintervall $[t,t+1]$ verfügt der Investor über Informationen zu den (unsicheren) Renditen r'_i der Anlagealternativen $i=1,...,n$ und zu der (sicheren) Rendite r_0 einer risikolosen Anlage $i=0$. Die Summe aller Anteile x_i sei eins.

Ist $x_i<0$, so spricht man von *Leerverkäufen*. Der Investor realisiert in diesem Fall zum Zeitpunkt t eine (*sichere*) Einnahme in Höhe von $-x_i*W_t$ und vereinbart mit dem Käufer eine (*unsichere*) Ausgabe zum Zeitpunkt $t+1$ in Höhe von $x_i*W_t*(1+r'_i)$. Ist $x_0<0$, so bedeutet dies, daß sich der Investor in $[t,t+1]$ in Höhe von x_0*W_t zum sicheren Zinssatz r_0 verschuldet.

Entscheidungs- kriterium Annahmen über die (unsicheren) Renditen r'_i führen zu Annahmen über ein (unsicheres) Endvermögen W'_P, das sich aus P ergibt und vom Eintritt von *Umweltzuständen* s^j abhängig ist. Um sich für ein Portfolio P und damit für W'_P zu entscheiden, benötigt der Inves-

3 Sollkonzept

tor ein *Entscheidungskriterium*. Dies wird durch die Nutzenfunktion $U(W')$ repräsentiert. Mit dieser wird der Erwartungsnutzen des Endvermögens $E[U(W')]$ für den Investor berechnet.

Nehmen wir an, der Investor befände sich zum Zeitpunkt t in einer Situation, bei der die beiden Umweltzustände s^1 und s^2 für das Intervall $[t, t+1]$ gleich wahrscheinlich sind:

Beispiel

	s^1	s^2
r_0	10%	10%
r'_1	0%	20%
r'_2	50%	-10%

Er realisiert das Portfolio $P = (x_0=0{,}25;\ x_1=0{,}5;\ x_2=0{,}25)$, um ein (unsicheres) Endvermögen W'_P zum Zeitpunkt $t+1$ zu erzielen. Abhängig vom Eintritt der beiden Umweltzustände s^1 und s^2 ergeben sich bezogen auf s^1

$$W'^1_P = 0{,}25 * 1{,}1 + 0{,}5 * 1{,}0 + 0{,}25 * 1{,}5 = 1{,}15$$

und bezogen auf s^2

$$W'^2_P = 0{,}25 * 1{,}1 + 0{,}5 * 1{,}2 + 0{,}25 * 0{,}9 = 1{,}10.$$

(1) Lineare Nutzenfunktion

Wir wollen zunächst annehmen, daß die Nutzenfunktion U des Investors *linear* sei mit $U(W)=W$, d.h.

$U(W'^1_P) = 1{,}15$ und $U(W'^2_P) = 1{,}10$.

Für den Erwartungsnutzen ergibt sich somit

$$E[U(W'_P)] = 0{,}5 * U(W'^1_P) + 0{,}5 * U(W'^2_P)$$
$$= 0{,}5 * 1{,}15 + 0{,}5 * 1{,}1 = 1{,}125.$$

Rationaler Investor   Ein rationaler Investor präferiert das Portfolio mit dem höchsten Erwartungsnutzen. Es sei W'_i das (unsichere) Endvermögen, das erzielt wird, wenn W_t *vollständig* in eine der Alternativen i, $i=0,...,n$ investiert wird. Wird das Portfolio mit dem größten Erwartungsnutzen gesucht, so muß man die Funktion

$$E[U(\Sigma x_i * W'_i + (1- \Sigma x_i) * W'_0)] =$$
$$E[U(\Sigma x_i * W_t * (1+r'_i) + (1- \Sigma x_i) * W_t * (1+r_0))] =$$
$$E[U(W_t * ((1+r_0) + \Sigma x_i * (r'_i-r_0)))]$$

maximieren.

Für obige Problemdaten mit den drei Anlagealternativen ergibt sich mit $U(W)=W$ die zu maximierende Funktion

3 Sollkonzept

$E[W_t * ((1+r_0) + x_1 * (r'_1-r_0) + x_2 * (r'_2-r_0))] =$
$W_t * ((1+r_0) + x_1 * (E[r'_1] -r_0) + x_2 * (E[r'_2]-r_0))$

Mit

$E[r'_1] = 0{,}5 * 0 + 0{,}5 * 0{,}2 = 0{,}1$

und

$E[r'_2] = 0{,}5 * 0{,}5 + 0{,}5 * (-0{,}1) = 0{,}2$

ergibt sich

$W_t * ((1+r_0) + x_1 * (0{,}1-r_0) + x_2 * (0{,}2-r_0)) =$
$W_t * (1{,}1 + x_1 * (0{,}1-0{,}1) + x_2 * (0{,}2-0{,}1)) =$
$W_t * (1{,}1 + 0{,}1 * x_2)$

W_t hängt nur von x_2 ab und mit $x_i \geq 0$ wird das Maximum durch $P = (x_0=0, x_1=0, x_2=1)$ erreicht. Dies ist auch intuitiv nachvollziehbar, wenn man bedenkt, daß bei einer *linearen Nutzenfunktion* der Erwartungsnutzen durch die Anlagealternative maximiert wird, die die höchste erwartete Rendite $E[r'_i]$ erzielt.

**Risiko-
abhängiger
Investor**

(2) Nichtlineare Nutzenfunktion

Wir wollen jetzt annehmen, daß die Nutzenfunktion $U(W)$ abhängig vom Vermögen W *streng monoton steigend* ist und daß im Falle einer differenzierbaren Nutzenfunktion der *Grenznutzen U' stets positiv* ist. Im Folgenden sollen die Ausprägungen der Risikobereitschaft *risikoaverser, risikoneutraler* und *risikofreudiger* Investor mit Hilfe des Erwartungsnutzenkonzepts hergeleitet werden.

Es seien a und b zwei Anlagen, wobei a zu einem *sicheren* Endvermögen W_a und b zu einem *unsicheren* Endvermögen $W'_b = W_a + \varepsilon'$ führt, jedoch mit $E[W'_b] = W_a$. Somit besteht bei b sowohl die *Chance*, ein höheres Endvermögen, als auch die *Gefahr*, ein niedrigeres Endvermögen zu erzielen als bei a. Im Erwartungswert gleichen sich Chance und Gefahr aus.

Ein Investor, der a gegenüber b präferiert, gewichtet die Gefahr bei b höher als die Chance und gilt als *risikoavers*. Ist es umgekehrt, gilt der Investor als *risikofreudig*. *Risikoneutral* ist ein Investor, der indifferent gegenüber a und b ist.

Gilt $W_a = E[W'_b]$ und ist

(1) $E[U(W_a)] > E[U(W'_b)]$, so folgt Risikoaversion;

(2) $E[U(W_a)] < E[U(W'_b)]$, so folgt Risikofreude;

(3) $E[U(W_a)] = E[U(W'_b)]$, so folgt Risikoneutralität.

Betrachten wir die beiden folgenden Anlagealternativen mit r_0 und r_1 aus obigen Problemdaten, d.h.

	s^1	s^2
r_0	10%	10%
r'_1	0%	20%

$E[W_0] = W_0 = (1+r_0) = 1{,}1$ und $E[W'_1] = E[(1+r'_1)] = 1{,}1$.

Wir wollen annehmen, es gibt drei Investoren mit folgenden Nutzenfunktionen:

(1) $U_1(W) = W^{1/2}$ (*konkave* Nutzenfunktion U_1),
(2) $U_2(W) = W^2$ (*konvexe* Nutzenfunktion U_2)
(3) $U_3(W) = W$ (*lineare* Nutzenfunktion U_3).

In Abbildung 3.2-1 sind die Kurven der drei Nutzenfunktionen schematisch angegeben. Wendet man die Nutzenfunktionen auf obige Problemdaten an, dann ergeben sich die folgenden drei Fälle eines risikoaversen, eines risikofreudigen und eines risikoneutralen Investors:

(1) $E[U_1(W_0)] = U_1(W_0) = 1{,}1^{1/2} = 1{,}04881$
$E[U_1(W'_1)] = 0{,}5 * 1{,}0^{1/2} + 0{,}5 * 1{,}2^{1/2} = 1{,}04772$

Der Investor präferiert Alternative 0; er ist *risikoavers*.

(2) $E[U_2(W_0)] = U_2(W_0) = 1{,}1^2 = 1{,}21$
$E[U_2(W'_1)] = 0{,}5 * 1{,}0^2 + 0{,}5 * 1{,}2^2 = 1{,}22$

Der Investor präferiert Alternative 1; er ist *risikofreudig*.

(3) $E[U_3(W_0)] = U_3(W_0) = 1{,}1$
$E[U_3(W'_1)] = 0{,}5 * 1{,}0 + 0{,}5 * 1{,}2 = 1{,}1$

Der Investor ist *risikoneutral*.

3 Sollkonzept

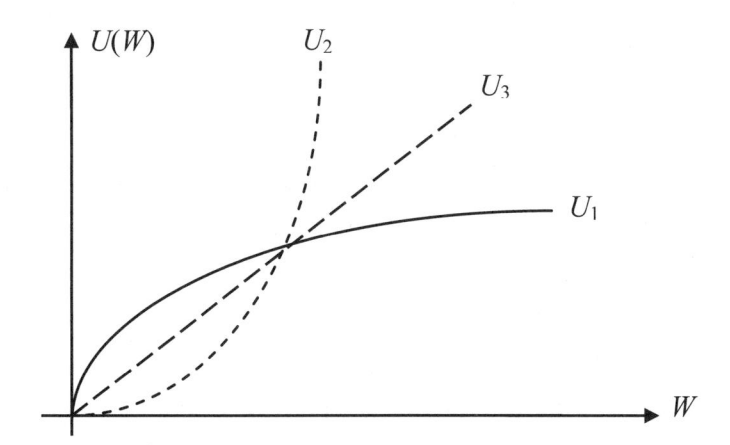

Abb. 3.2-1: Nutzenfunktionen nach [BGS99, 17]

U_1 ist *konkav* (d.h. $U''(W) < 0$), U_2 ist *konvex* (d.h. $U''(W) > 0$) und U_3 ist *linear* (d.h. $U''(W) = 0$). Ein Investor ist (risikoavers, risikofreudig, risikoneutral), wenn seine Nutzenfunktion U (konkav, konvex, linear) verläuft.

Häufig wird von Entscheidungsträgern angenommen, daß sie risikoavers sind, d.h. daß sie eine niedrige Risikobereitschaft haben. Für Investoren, die *risikoavers* sind *und einer quadratischen Nutzenfunktion*, folgen ist die die *Varianz* bzw. die *Standardabweichung* ein geeignetes Risikomaß.

Varianz Standardabweichung

Bestimmung der Nutzenfunktion

Nach [Spr99, 310ff] gibt es drei Möglichkeiten, die Nutzenfunktion eines Investors *empirisch* abzuleiten:

(1) Dem Investor werden die zur Wahl stehenden Portfoliozusammenstellungen beschrieben. Er entscheidet sich *auf direktem Wege* für eine Alternative. So kann er beispielsweise zwischen zwei Portfolios wählen, wobei das erste eine Aktienquote von 1/3 (ausgewogenes Portfolio) und das zweite eine Aktienquote von 2/3 (Ertragsportfolio) aufweist.

(2) Die Risikobereitschaft des Investors wird im Rahmen eines *Experiment*s gemessen. Dabei wird eine Entscheidungssituation auf indirektem Wege simuliert. So könnte beispielsweise ermittelt werden, welchen Preis er bereit wäre, für ein Los in einer Lotterie zu bezahlen, bei der die Gewinnwahrscheinlichkeit 0,5 beträgt.

(3) Die Risikobereitschaft des Investors wird durch eine *Befragung* erhoben. Beispielsweise könnten folgende Aussagen zur Charakterisierung dienen:
- Wenn der Wert meiner Anlagen in einem Jahr um 5% fiele, könnte ich nicht mehr ruhig schlafen.

3 Sollkonzept

- Selbst wenn der Wert einmal um 20% fällt, muß man sehen, daß es Zeiträume gibt, in denen er deutlich steigt.

Beispiel 3.2.1

Donald erklärt Daisy, daß, bevor er für sie ein Sollkonzept erstellen kann, er erst einmal ihre Risikobereitschaft testen müsste. Daisy sagt Donald, sie sei im innersten ihres Herzens eher risikofreudig. Donald will sich jedoch nicht auf diese Selbsteinschätzung verlassen und möchte ihre Nutzenfunktion empirisch mittels obiger Techniken ableiten. Führen die Möglichkeiten eins und zwei noch nicht zu einer geeigneten Typisierung, so sollte auch noch die Befragung angewendet werden.

Risikoaversion

Ist die Nutzenfunktion bekannt, kann man auf das Anlageverhalten eines erwartungsnutzenmaximierenden Investors schließen. Wir wollen annehmen, daß der Investor *risikoavers* ist, d.h. seine Nutzenfunktion U ist konkav ($U''<0$). Betrachtet man die Risikoaversion in Abhängigkeit vom Vermögen, so kann man weiter zwischen *absoluter* und *relativer* Risikoaversion unterscheiden. Investiert ein risikoaverser Investor bei *wachsendem* Vermögen auch einen *größeren* Betrag (Vermögensanteil) in die riskante Anlage, so bezeichnet man ihn als *absolut* risikoavers mit *fallender* Tendenz. Investiert ein risikoaverser Investor bei *wachsen-*

dem Vermögen einen *geringeren* Betrag (Vermögensanteil) in die riskante Anlage, so bezeichnet man ihn als *relativ* risikoavers mit *steigender* Tendenz.

Eine *exponentielle* Nutzenfunktion impliziert eine konstante absolute Risikoaversion; eine *logarithmische* Nutzenfunktion impliziert eine fallende absolute und konstante relative Risikoaversion; eine *quadratische* Nutzenfunktion impliziert eine steigende absolute Risikoaversion.

Risikoneigung

Eine gängige, in der *Praxis* verwendete Klassifikation von Investoren hinsichtlich ihrer Risikoneigung ist ihre Präferenz für Anlagen mit den folgenden Charakteristika:

- sicherheitsorientiert (nur Anleihen und Geldmarktpapiere, keine Aktien),
- ausgewogen (1/3 Aktien),
- ertragsorientiert (2/3 Aktien) und
- spekulativ (ausschließlich Aktien).

Die Risikotypisierung ist abgeschlossen, wenn neben der Risikobereitschaft auch die Risikofähigkeit bestimmt wurde und damit die Risikotoleranz bekannt ist.

3.3 Vorsorgekonzept

Ziel des Vorsorgekonzepts ist es, auf das Problem der *Deckung von Kapitalnachfrage,* das in aller Regel durch den *Ausfall von Einnahmen* und den *Eintritt zusätzlicher Ausgaben* entsteht, eine Antwort zu finden. Im Rahmen der Istaufnahme wurden bereits eine Ausfall- und eine Altersvorsorgerechnung erstellt. Ergebnis beider Rechnungen sind etwaige *Versorgungslücken,* die einer nicht gedeckten Kapitalnachfrage entsprechen. Diese wird durch das Sollkonzept weiter analysiert und es wird versucht, die Versorgungslücken konzeptionell zu schließen.

Zweck

Ausgaben für die Lebenshaltung sind häufig vom Lebensalter abhängig. So gibt es Kosten der Lebenshaltung, die mit zunehmendem Alter sinken, aber auch solche, die steigen. Donald überzeugt Daisy, daß Grundlage eines jeden Vorsorgekonzepts die Kalkulation ihrer in der Zukunft erwarteten Ausgaben ist. Dazu sollte sie sich einmal über die in ihrem Ruhestand *erwarteten* monatlichen Lebenshaltungs-kosten Gedanken machen. Wichtig dabei sind nicht die nominalen sondern die realen Kosten, sagt er ihr.

Beispiel 3.3.1

Eine grundlegende Möglichkeit der Schließung von Versorgungslücken ist der Aufbau von Nettover-

Deckungskapital

mögen in Form von *verfügbaren Deckungskapital* (Kapitalangebot), aus dem dann die zukünftigen Ausgaben in Form von *benötigten Deckungskapital* (Kapitalnachfrage) bestritten werden können. Entspricht das Kapitalangebot der Kapitalnachfrage, ist die Versorgungslücke geschlossen. Eine andere Möglichkeit ist es, den unsicheren Eintritt zukünftiger Ausgaben durch Verträge mit *Versicherungen* abzusichern. In der Regel wird von beiden Möglichkeiten gleichzeitig Gebrauch gemacht.

Konsumkapital

Das *benötigte* (Lebens-) Deckungskapital $W(x)$ ist das Kapital, was zum aktuellen Zeitpunkt x bis zum erwarteten Lebensende zur Lebensführung benötigt wird. Wir wollen es auch als *Konsumkapital* bezeichnen. Die Höhe dieses Deckungskapitals hängt u.a. vom Lebensalter ab. Es wäre hilfreich zu wissen, welche Funktion die Höhe des Deckungskapitals $W(x)$ in Abhängigkeit vom Lebensalter x abbildet. Bei der Geburt ($x=0$) hat man den größten Bedarf an Deckungskapital für die zukünftige persönliche Lebensführung. Mit jedem weiteren Lebensjahr verringert sich der Bedarf bis er mit Eintritt des Todes ($x=T$) auf den Betrag sinkt, den man bei seinem Ableben hinterlassen will. Wir wollen annehmen, daß $W(x) \geq 0$ für $0 \leq x \leq T$ ist.

3 Sollkonzept

Das *verfügbare* (Lebens-) Deckungskapital $S(x)$ ist das Kapital, was zum aktuellen Zeitpunkt x für Ausgaben bis zum Lebensende zur Verfügung steht. Dieses Deckungskapital wird aus dem Nettovermögen entnommen. Der regelmäßige Weg zur Bildung von verfügbarem Deckungskapital ist der Vermögensaufbau durch Sparen. Wir wollen es deshalb auch als *Sparkapital* bezeichnen. Auch das Sparkapital $S(x)$ läßt sich als Funktion des aktuellen Lebensalters x angeben. Bei der Geburt ($x=0$) hat man in aller Regel den geringsten Vorrat an verfügbaren Deckungskapital, der mit jedem weiteren Lebensjahr ansteigen kann. Wir wollen annehmen, daß $S(x) \geq 0$ für $0 \leq x \leq T$ ist.

Sparkapital

Für $W(x)$ und $S(x)$ läßt sich oftmals ein (Break-Even) Alter x' angeben, zu dem $W(x') = S(x')$ ist. Die Gleichheit beider Funktionen für *mindestens* ein x' läßt sich erreichen, wenn man fordert, daß x' aus dem Intervall $[0,T]$ ist. Spätestens für $x' = T$ gilt $W(T) = S(T) = 0$, wenn man bei seinem Ableben *nichts* hinterlassen will. Sowohl beim Konsumkapital $W(x)$ als auch beim Sparkapital $S(x)$ sind nicht die nominalen sondern die realen Werte von Bedeutung. Ein idealisierter Verlauf von benötigten und verfügbaren Deckungskapital im Intervall $[0,T]$ ist in Abbildung 3.3-1 dargestellt.

Break Even

$f(x)$

Benötigtes reales Deckungskapital $W(x)$
(Kapitalnachfrage = Konsumkapital)

Verfügbares reales Deckungskapital $S(x)$
(Kapitalangebot = Sparkapital)

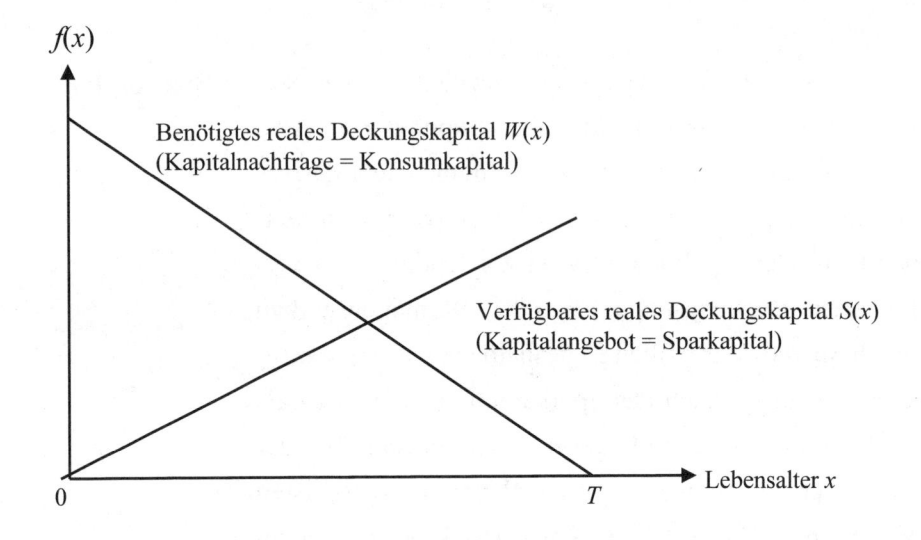

0   T   Lebensalter x

Abb. 3.3-1: Idealisierter Verlauf von Konsum- und Sparkapital

Ergebnis   Das Ergebnis des Vorsorgekonzepts sind Planungen bezüglich des benötigten und des verfügbaren Deckungskapitals unter Einbezug versicherungsbasierter Risikovorsorge. Daraus ergeben sich

- benötigtes *Deckungskapital* abhängig vom Lebensstandard,
- zu bildende *Reservierungen* von Nettovermögen für bereits verfügbares Deckungskapital,
- zu zahlende *Sparbeiträge* für noch zu bildendes Sparkapital und
- zu zahlende *Versicherungsbeiträge* für die Substitution von Sparkapital.

3 Sollkonzept

Im Mittelpunkt dieses Kapitels stehen Überlegungen zur *Bildung von Sparkapital* bzw. zum Vermögensaufbau, bestehend aus den folgenden Schritten:

Vorgehensweise

(1) Ermittele Versorgungsziele.
(2) Ermittele erwartete Versorgungsleistungen.
(3) Berechne periodische Versorgungslücken.
(4) Berechne benötigtes Deckungskapital mit den Optionen
- Kapitalerhalt und
- Kapitalverzehr

(5) Berechne Sparbeiträge für den Aufbau von verfügbarem Deckungskapital.

Die Schritte (1) bis (3) sind bereits Bestandteil der Istaufnahme, wobei das Versorgungsziel aus dem aktuellen Nettoeinkommen abgeleitet werden kann. Im Rahmen des Sollkonzepts werden die ersten drei Schritte unter Berücksichtigung der aus den Lebenszielen abgeleiteten Anlagezielen und der Kosten der Lebenshaltung nochmals aufgerufen. Darauf aufbauend stehen die Schritte (3), (4) und (5) im Zentrum des Sollkonzepts.

Ist die periodische Versorgungslücke aus Schritt (3) zum Zeitpunkt x bekannt, ist das benötigte Deckungskapital $W(x) = W$ zur Schließung der Versorgungslücke durch wiederkehrende Zahlungen in Form

Rente

einer *Rente* zu ermitteln. Beispiele zu den Berechnungen finden sich in [BS99, 243ff]. Die Ermittlung des Kapitalbedarfs zur Deckung der Versorgungslücke geht von der Überlegung aus, daß in jeder Periode die Rente aus dem vorhandenen Nettovermögen und seiner periodischen Nettoverzinsung gezahlt wird. Läßt man zu, daß sich das Nettovermögen dabei schrittweise aufbraucht, so spricht man von (Deckungs-) *Kapitalverzehr*; im anderen Fall spricht man vom (Deckungs-) *Kapitalerhalt*.

Es sei $q = 1+r*(1-z)$ ein Verzinsungsfaktor, d.h. $q-1 = r*(1-z)$ ist die Verzinsung nach Steuer mit r als *Nominalzinssatz* und z als *Durchschnittsteuersatz*. Wir wollen hier annehmen, daß die Verzinsung immer positiv ist, d.h. $q>1$.

(1) Kapitalverzehr

Herleitung Geht man von Kapitalverzehr und (nachschüssigen) Auszahlungen zum Periodenende aus, so läßt sich das Vorgehen zur Deckung der Versorgungslücke wie folgt darstellen. Das zu Beginn vorhandene Nettovermögen W wächst in der ersten Periode um die Nettoverzinsung durch Multiplikation mit dem Faktor q. Am Ende der Periode erfolgt die Auszahlung in Höhe der Versorgungslücke bzw. Rente R_1; es verbleibt also $(W*q-R_1)$ als Nettovermögen. In der nächsten Periode erhöht sich

3 Sollkonzept

das verbleibende Nettovermögen wieder um den Faktor q, so daß am Ende der zweiten Periode nach der zweiten Auszahlung in Höhe von R_2 als Nettovermögen $(W*q-R_1)*q-R_2$ verbleibt. Dies setzt sich fort bis nach T Perioden das Nettovermögen durch die letzte Rentenzahlung R_T aufgebraucht ist.

$((((W*q - R_1)*q - R_2)*q - R_3)*q - \ldots -R_{T-1})*q - R_T = 0$
$W*q^T - R_1*q^{T-1} - R_2*q^{T-2} - \ldots -R_{T-1}*q^1 - R_T*q^0 = 0$
$W*q^T - \Sigma_{t=1,\ldots,T} R_t*q^{T-t} = 0$
$W = \Sigma_{t=1,\ldots,T} R_t*q^{T-t} / q^T$
$W = \Sigma_{t=1,\ldots,T} R_t*q^{-t}$
(3.3.1)

Das benötigte Deckungskapital W bei *variabler Rente* R_t unter der Annahme des Kapitalverzehrs läßt sich mit Hilfe von (3.3.1) berechnen.

Ist $R_t = R$ für alle Perioden gleich (*konstant*), so ergibt sich:

$((((W*q - R)*q - R)*q - R)* \ldots - R)*q - R = 0$
$W*q^T - R*q^{T-1} - R*q^{T-2} - \ldots -R*q^1 - R*q^0 = 0$
$W = R*\Sigma_{t=1,\ldots,T} q^{T-t} / q^T$
$W = R*\Sigma_{t=1,\ldots,T} q^{t-1} / q^T$
$W = R*((1-q^T) / (1-q)) / q^T$

$$W = R*[(1-q^T) / ((1-q)*q^T)]$$
(3.3.2)

R konstant [handwritten margin note]

Das benötigte Deckungskapital W bei *konstanter Rente R* unter der Annahme des Kapitalverzehrs läßt sich mit Hilfe von (3.3.2) berechnen.

Bei einem anderen Spezialfall von (3.3.1) wächst die Versorgungslücke von Periode zu Periode mit dem Faktor der Inflationsrate g, d.h. $R_t = R*(1+g)^t$ (inflationsabhängige Rente). Eingesetzt in (3.3.1) ergibt sich

$$W = R*\Sigma_{t=1,...,T} (1+g)^t * q^{-t}$$
$$W = R*\Sigma_{t=1,...,T} (1+g)^t / q^t$$

und mit $p = q/(1+g)$ (p ungleich eins) ergibt sich

$$W = R*\Sigma_{t=1,...,T} p^{-t}$$
(3.3.3)

Durch Multiplikation der Reihe in (3.3.3) mit $(p-1)$ erhält man die Beziehung

$$W = R*((1-p^{-T})/(p-1))$$
$$W = R*(1-(q/(1+g))^{-T}/((q/(1+g))-1)$$
$$W = R*(1-(q/(1+g))^{-T}*(1+g)/(q-1-g)$$
(3.3.4a)

R inflations- indexiert [handwritten margin note]

3 Sollkonzept

Auf einem anderen Weg kommt man zum gleichen Ergebnis. Wir betrachten die folgende Beziehung

$\Sigma_{t=1,...,T} s^t = [1 + \Sigma_{t=1,...,T} s^t] - 1 = [\Sigma_{t=1,...,T} s^{t-1} + s^T] - 1 =$
$[(1-s^T)/(1-s) + s^T] - 1 = (1-s^T + s^T(1-s) - (1-s))/(1-s) =$
$(1-s^T + s^T - s*s^T - 1 + s)/(1-s) = (-s*s^T + s)/(1-s) =$
$s*(1-s^T)/(1-s)$

und wenden das Ergebnis mit $s = 1/p$ analog auf (3.3.3) an, dann ergibt sich

$W = R*[(1/p)*(1-(1/p)^T)/(1-1/p)]$
$W = R*[(1/p)*(1-(1/p)^T)/(1/p)*(p-1)]$
$W = R*[(1-p^{-T})/(p-1)]$
   (3.3.4b)

Das benötigte Deckungskapital W bei *inflationsabhängiger Rente* R_t unter der Annahme des Kapitalverzehrs läßt sich mit Hilfe von (3.3.4) berechnen.

Beispiel 3.3.2a

Daisy spielt mit dem Gedanken, sich in einem Jahr zur Ruhe zu setzen. Sie glaubt, daß 30 inflationsgesicherte Jahresrenten in Höhe von heute 24.000 Talern für ihr verbleibendes Leben ausreichen müssten. Sie fragt Donald, wie hoch das heute benötigte Deckungskapital sein würde, wenn nach 30 Jahren alles Kapital aufgezehrt sein dürfte. Donald erkundigt sich noch nach ihrem Steuersatz. Mit Annahmen über durchschnittlichen Anlagezins und Inflationsrate beginnt er die Berechnungen.

Schätzungen Mit $W>0$ hat man das benötigte Deckungskapital zum aktuellen Zeitpunkt x bestimmt. Unter der Annahme des Kapitalverzehrs sinkt die Kapitalnachfrage bis zum Lebensende auf $W=0$. Mit Hilfe dieser beiden Punkte und unter Annahme eine linearen Verlaufs, läßt sich das benötigte Deckungskapital für jeden Zeitpunkt x', $x<x'<T$ schätzen. Baut man auf einen linearen Verlauf, handelt es sich eher um eine optimistische Schätzung.

Beispiel 3.3.2b Daisy überlegt, ob es für sie besser wäre, mit dem Ruhestand noch fünf Jahre zu warten. Sie geht davon aus, daß dann 26 inflationsgesicherte Jahresrenten in Höhe von heute 24.000 Talern für ihr verbleibendes Leben ausreichen müssten. Sie fragt Donald nach einer ersten Schätzung, wie hoch das in vier Jahren benötigte Deckungskapital dann sein würde, wenn nach 26 Jahren alles Kapital aufgezehrt sein dürfte. Donald beginnt die Berechnungen aufs neue.

Folgende Schritte berechnen das benötigte Deckungskapital bei Kapitalverzehr:

3 Sollkonzept

(4.1) Gewünschte Rente bestimmen,
(4.2) Dauer der Rentenzahlungen festlegen,
(4.3) Inflationsrate prognostizieren,
(4.4) Durchschnittliche Rendite prognostizieren,
(4.5) Benötigtes Deckungskapital berechnen.

(2) Kapitalerhalt

Geht man von Kapitalerhalt, (d.h. einer *ewigen Rente*), und (nachschüssigen) Auszahlungen zum Periodenende aus, so kann man noch zwischen *nominalen* und *realen* Kapitalerhalt unterscheiden. Mit den Alternativen *konstante* Rente und *variable* Rente lassen sich vier Fälle unterscheiden. Die variable Rente kann auch als der Fall einer inflationsgesicherten Rente interpretiert werden. Der nominale Kapitalerhalt scheint von geringerer praktischer Bedeutung zu sein, wird aber aus Gründen der Vollständigkeit hier auch behandelt.   **Herleitung**

(2.1) Nominaler Kapitalerhalt und konstante Rente

Das Nettovermögen soll nicht unter den Ausgangsbetrag sinken, d.h. die Nettoverzinsung muß die periodische konstante Rente decken.

$W*(q-1) = R$
$W = R/(q-1)$
$\qquad$ (3.3.5)

(2.2) Realer Kapitalerhalt und konstante Rente

Das Nettovermögen soll real nicht an Kaufkraft verlieren, d.h. es soll periodisch um die jeweilige Inflationsrate wachsen. Die Nettoverzinsung muß also sowohl die periodische konstante Rente, als auch die inflationskompensierende Entwicklung des Nettovermögens abdecken. Für jede Periode gilt somit:

$$W^*(q-1) = R + g^*W$$
$$W^*(q-1-g) = R$$
$$W = R/(q-1-g)$$
(3.3.6)

(2.3) Nominaler Kapitalerhalt und variable Rente

Das Nettovermögen soll nicht unter den Ausgangsbetrag sinken. Die Nettoverzinsung muß die reale Versorgungslücke in jeder Periode decken.

$W^*(q-1) = R^*(1+g)$	1. Periode
$W^*(q-1) = R^*(1+g)^2$	2. Periode
$W^*(q-1) = R^*(1+g)^3$	3. Periode
$W^*(q-1) = R^*(1+g)^T$	T. Periode

Damit ergibt sich

$$W^*T^*(q-1) = R^*[\Sigma_{t=1,\ldots,T} (1+g)^t]$$

3 Sollkonzept 131

$$W = [R/(T*(q-1))]*[\Sigma_{t=1,\ldots,T} (1+g)^t]$$
(3.3.7)

(3.3.5) ist also ein Spezialfall von (3.3.7) mit $g = 0$.

(2.4) Realer Kapitalerhalt und variable Rente
Das Nettovermögen soll real nicht an Kaufkraft verlieren, d.h. es soll periodisch um die jeweilige Inflationsrate wachsen. Die Nettoverzinsung muß also sowohl die periodisch variable Versorgungslücke, als auch die inflationsäquivalente Entwicklung des Nettovermögens abdecken:

$$W*(q-1) = R*(1+g) + g*W \qquad \text{1. Periode}$$

$$(W+g*W)*(q-1) = R*(1+g)^2 + g*W*(1+g)$$
$$(1+g)*W*(q-1) = R*(1+g)^2 + g*W*(1+g)$$
$$W*(q-1) = R*(1+g) + g*W \qquad \text{2. Periode}$$

$$(W+g*W+g*W*(1+g))*(q-1) = R*(1+g)^3 + g*W*(1+g)^2$$
$$(1+g+g*(1+g))*W*(q-1) = R*(1+g)^3 + g*W*(1+g)^2$$
$$(1+2g+g^2)*W*(q-1) = R*(1+g)^3 + g*W*(1+g)^2$$
$$(1+g)^2*W*(q-1) = R*(1+g)^3 + g*W*(1+g)^2$$
$$W*(q-1) = R*(1+g) + g*W \qquad \text{3. Periode}$$

$$W*(q-1) = R*(1+g) + g*W \qquad \text{T. Periode}$$

Für jede Periode gilt also

$$W*(q-1) = R*(1+g) + g*W$$

und damit ergibt sich

$$W*(q-1) - g*W = R*(1+g)$$
$$W = R*(1+g)/(q-1-g)$$
$$W = R*(1+g)/(r-r*z-g)$$
(3.3.8a)

Ewige Rente   Häufig wird auch von einer ewigen Rente (unter der Annahme des Kapitalverzehrs) mit Inflationsausgleich gesprochen. Die Höhe des Deckungskapitals für eine solche ewige Rente wird aus (3.3.4) abgeleitet unter der Annahme, daß T gegen Unendlich geht. Damit ergibt sich

$$W = R*[(1-p^{-T})/(p-1)] \quad \text{mit } T \text{ gegen Unendlich}$$
$$W = R*[1/(p-1)]$$
$$W = R*[1/((1+r(1-z))/(1+g)) -1)]$$
$$W = R*[1/((1+r-rz)-(1+g))/(1+g)]$$
$$W = R*[(1+g)/((1+r-rz)-(1+g))]$$
$$W = R*[(1+g)/(r-rz-g)]$$
(3.3.8b)

Beispiel 3.3.3

Daisy meint nun, daß durch den medizinischen Fortschritt ihr ein ewiges Leben ermöglicht würde. Sie weiß auch, daß ein ewiges Leben leider auch eine ewige Rente nötig macht. So stellt sie sich für alle Ewigkeit eine inflationsgesicherte Jahresrente in Höhe von heute 24.000 Talern vor. Sie fragt Donald, ob sie sich ein ewiges Leben auf dieser Basis leisten könnte. Donald ist skeptisch, beginnt aber trotzdem das heute benötigte Deckungskapital für diese ewige Rente für Daisy zu berechnen.

In Tabelle 3.3-1 sind die einzelnen Berechnungsvorschriften für das Deckungskapital nochmals zusammengefaßt mit $q = 1+r(1-z)$ und $p = q/(1+g)$. In der Praxis erscheint die Berechnung des Deckungskapitals unter den Annahmen variable Rente und Kapitalverzehrs in der Mehrzahl der Fälle zum Einsatz kommen. Renten bei nominalen Kapitalerhalt erscheinen nur in Ausnahmefällen von Bedeutung zu sein.

Tabelle 3.3-1: Deckungskapital und Rentenzahlungen

	variable Rente	konstante Rente
Kapital-verzehr	(3.3.1) $W=\sum_{t=1,\ldots,T} R_t * q^{-t}$ (3.3.4) $W=R*(1-(q/(1+g))^{-T} * (1+g)/(q-1-g)$ $=R*[(1-p(-T))/(p-1)]$	(3.3.2) $W=R*[(1-q^T)/((1-q)*q^T)]$
Nomi-naler Kapital-erhalt	(3.3.7) $W=[R/(T*(q-1))] * [\sum_{t=1,\ldots,T}(1+g)^t]$	(3.3.5) $W=R/(q-1)$
Realer Kapital-erhalt	(3.3.8) $W=R*(1+g)/(r-r*z-g)$ $=R*(1+g)/(q-1-g)$	(3.3.6) $W=R/(q-1-g)$

Annahmen Nimmt man für (3.3.8) beispielsweise an, daß $g = 0{,}02$ und $r = 0{,}05$ so ergibt sich $W/R = 1{,}02/(0{,}03 - 0{,}05*z)$. Für die ewige Rente mit Kapitalerhalt muß das Deckungskapital bei den obigen Annahmen bezüglich r und g ungefähr das 34-fache ($k=34$) der Jahresrente ausmachen, wenn keine Steuern zu bezahlen sind. Bei einem Durchschnittssteuersatz von 30% muß das Deckungskapital schon das 68-fache der Jahresrente ausmachen. Für die Daten aus Beispiel 3.3.-2 ist der Faktor 206. Dies bedeutet, daß das Deckungskapital 4.120.000 GE betragen muß.

3 Sollkonzept

Nachdem Donald zum wiederholten Mal das Deckungskapital für von Daisy gewünschte Renten ausgerechnet hat, beginnt sich Daisy für das Verhältnis von Deckungskapital und ewiger Jahresrente zu interessieren. Besonders interessiert sie (1) der erste optimistische Fall, daß sie keine Steuern mehr zu bezahlen hat ($z=0$) für verschiedene Werte von r und g; (2) der zweite optimistische Fall, daß die Inflationsrate nur noch ein Prozent beträgt ($g=0,01$) und jetzt r und z variiert werden.

Beispiel 3.3.4

Tabelle 3.3-2: Verhältnis von Deckungskapital und Jahresrente

z=0	r/g	0,01	0,02	0,03	0,04	0,05
	0,02	101,00	-	-103,00	-52,00	-35,00
	0,03	50,50	102,00	-	-104,00	-52,50
	0,04	33,67	51,00	103,00	-	-105,00
	0,05	25,25	34,00	51,50	104,00	-
	0,06	20,20	25,50	34,33	52,00	105,00
	0,07	16,83	20,40	25,75	34,67	52,50

g=0,01	r/z	0	0,1	0,2	0,3	0,4	0,5
	0,02	101,00	126,25	168,33	252,50	505,00	-
	0,03	50,50	59,41	72,14	91,82	126,25	202,00
	0,04	33,67	38,85	45,91	56,11	72,14	101,00
	0,05	25,25	28,86	33,67	40,40	50,50	67,33
	0,06	20,20	22,95	26,58	31,56	38,85	50,50
	0,07	16,83	19,06	21,96	25,90	31,56	40,40

Schlechte Aussichten

Ist $(r - r^*z - g) \leq 0$ bzw. $g \geq (r - r^*z)$, so bedeutet dies, daß kein Deckungskapital der Welt ausreicht, um eine ewige Rente zu zahlen. In diesem Fall ist der Kaufkraftverlust größer als die Rendite abzüglich Steuern. Liegt ein Steuersatz von 50% vor, so ist schon keine ewige Rente mehr möglich, wenn $g > 0{,}5^*r$. Allgemein gilt, daß je größer die reale Anlagerendite $(1+r - r^*z)/(1+g)$ ist, desto kleiner ist das benötigte Deckungskapital.

Vorgehen

Folgende Schritte berechnen das benötigte Deckungskapital für eine ewige Rente mit Kapitalerhalt:

(4.1) Gewünschte Rente bestimmen,
(4.2) Inflationsrate prognostizieren,
(4.3) Durchschnittliche Rendite prognostizieren,
(4.4) Benötigtes Deckungskapital berechnen.

Ist das benötigte Deckungskapital bekannt, so lassen sich zwei Fälle unterscheiden. Das Deckungskapital

(a) ist bereits vorhanden oder
(b) es muß teilweise oder vollständig angespart werden.

3 Sollkonzept

Ist das vorhandene Nettovermögen kleiner als das benötigte Deckungskapital erfolgt in Schritt 5 die Berechnung der *Sparleistung* zum Aufbau des verfügbaren Deckungskapitals. Diese hängt vom Zeitpunkt der ersten Rentenzahlung und der bis dahin erzielbaren Netto- bzw. Nachsteuerrendite ab. Der wichtigste Einflußfaktor ist jedoch die Höhe der Sparleistung, d.h. die Sparrate auf Basis der heutigen Einkünfte.

Beispiel 3.3.5

Nachdem Donald nun verschiedene Renten mit dem jeweils benötigten Deckungskapital für Daisy ausgerechnet, fragt er sie, über welches Eigenkapital sie denn verfüge. Gar keines, antwortet sie. Da hilft nur sparen, sagt Donald und er erklärt sich bereit auszurechnen, welchen Sparbetrag für welches Deckungskapital unter Berücksichtigung von Inflationsrate, Steuersatz und Zinssatz erforderlich sind. Das Ergebnis ist ernüchternd. Zum Glück fällt Daisy ein, daß sie in naher Zukunft eine Erbschaft von Oma Duck zu erwarten hat, so daß sich ihre Eigenkapitalausstattung deutlich erhöht. Donald hat sich also Arbeit umsonst gemacht. Daisy bittet ihn trotzdem, die Berechnungen der monatlichen Sparbeträge jetzt nochmal unter Berücksichtigung der erwarteten Erbschaft durchzuführen.

Falls die monatlich geforderten Sparbeträge über der monatlichen Liquidität vor Sparen liegt, kommen beispielsweise die folgenden Anpassungen in Frage:

- Senkung der Steuerbelastung,
- Umschichtungen im Vermögen,
- Erhöhung der Einnahmen,
- Senkung der Konsumausgaben,
- Erhöhung der Rendite bei konstantem oder erhöhtem Risiko,
- Aufgabe des Kapitalerhalts im Alter,
- Senkung der Konsumausgaben im Alter.

Sparen Die Sparleistung kann auch in Abhängigkeit von den Einkünften angegeben werden. In diesem Fall spricht man von der *Sparrate*. Die Höhe des zu bildenden Deckungskapitals ist abhängig von Sparrate, Spardauer und erzielbarer Rendite.

Im Mittelpunkt der folgenden Überlegungen stehen die Möglichkeiten zum *Aufbau von Deckungskapital auf Basis der Sparrate* (vgl. [Spr99, 111ff]). Wir benutzen die folgende Notation:

- L: Höhe der heutigen Einkünfte,
- a: Sparrate auf Basis der heutigen Einkünfte,
- h: (erwartete) Steigerungsrate der Einkünfte,

3 Sollkonzept

- r: (erwartete) Anlagenrendite.

Alle Angaben beziehen sich auf *Barwerte* nach Steuern. Einkünfte, Sparleistungen und Verzinsung fallen jeweils am Ende der Periode an, d.h. die gesparten Anteile der Einkünfte in Periode t werden erst am Ende der Periode $t+1$ (nachschüssig) verzinst. Sparrate, Steigerungsrate und Rendite werden in Prozent notiert, Einkünfte in GE.

Zunächst untersuchen wir, von welchen Faktoren der Aufbau des Deckungskapitals durch Sparen auf welche Weise beeinflußt wird. Dann widmen wir unsere Aufmerksamkeit der erzielbaren Rente.

3.3.1 Erzielbares Deckungskapital

Eine Person erzielte vor T Perioden Einkünfte in Höhe von $L/(1+h)^T$ und sparte davon $a*L/(1+h)^T$. Bis heute ergibt sich aus diesem Sparbetrag ein Vermögen in Höhe von $a*L*(1+r)^T/(1+h)^T$. Aus allen Sparbeträgen aller T Perioden 1, 2, ..., T ergibt sich ein Vermögen, bzw. ein erzielbares Deckungskapital W von

$$W = a*L*(1+r)^T/(1+h)^T + a*L*(1+r)^{T-1}/(1+h)^{T-1} + a*L*(1+r)^{T-2}/(1+h)^{T-2} +...+ a*L*(1+r)^1/(1+h)^1$$

$$W = a*L*\Sigma_{t=1,...,T}\,(1+r)^t/(1+h)^t$$
(3.3.10)

Durch das Verhältnis von Deckungskapital W und Sparbetrag $a*L$ wird die Frage beantwortet, welche Sparleistung zu welchem Vermögen führt, bzw. mit welchem Faktor der Sparbetrag $a*L$ auf das Vermögen wirkt.

$$W/(a*L) = \Sigma_{t=1,...,T}\,(1+r)^t/(1+h)^t$$
$$= \Sigma_{t=1,...,T}\,q^t$$
(3.3.11)

Ist die Rendite größer als die Steigerungsrate der Einkünfte ($r>h$), so 'arbeitet' das Kapital besser als die Person, die Einkünfte erzielt.

Beispiel 3.3.6 Daisy ist verschnupft. Auch die erwartete Erbschaft von Oma Duck reicht nicht aus, um das Deckungskapital für die gewünschte Rente anzusparen. Donald erklärt Daisy, daß je früher man mit dem Sparen beginnt, desto besser es ist. So schlau sei sie auch, entgegnet sie ihm. Dabei stellt sich ihr die Frage, wann sie hätte mit dem Sparen beginnen können, und welches Deckungskapital sie dann erreicht hätte. Sie möchte auch berücksichtigen, daß der Sparbetrag über die Zeit variiert.

Mit folgenden Schritten ermittelt man das für die Vorsorge aufzubauende Deckungskapital durch Sparen: **Vorgehen**

(5.1) Summe der aktuellen Einkünfte bestimmen,
(5.2) Sparrate aus aktueller Liquidität der EAR ableiten,
(5.3) Anspardauer festlegen,
(5.4) Entwicklung der Einkünfte während der Anspardauer prognostizieren,
(5.5) durchschnittliche Rendite während der Anspardauer prognostizieren,
(5.6) verfügbares Deckungskapital analog (3.3.10) berechnen.

Einen groben Überschlag zur möglichen Entwicklung des verfügbaren Deckungskapitals durch Sparen erhält man durch die Schätzung der Funktion $S(x)$. Diese ist möglich, wenn man wiederum zwei Punkte der Funktion kennt und einen *linearen* Verlauf unterstellt. Betrachtet man das verfügbare Deckungskapital zu zwei Zeitpunkten der Vergangenheit, ist damit eine Schätzung von $S(x)$ für die Zukunft möglich. Kennt man jetzt noch den Verlauf des benötigten Deckungskapitals $W(x)$ kann man die Frage beantworten, ob je- **Schätzungen** mals das verfügbare Deckungskapital das benötigte Deckungskapital erreicht und wann dies der Fall sein wird. Die Funktionen $W(x)$ und $S(x)$ sind in Abbildung 3.3-4 dargestellt und lassen sich wie folgt beschreiben:

$$W(x) = W(0) + [(W(t)-W(0))/t] * x = W(0) - [W(0)/T] * x$$

$$S(x) = S(0) + [(S(t)-S(0))/t] * x$$

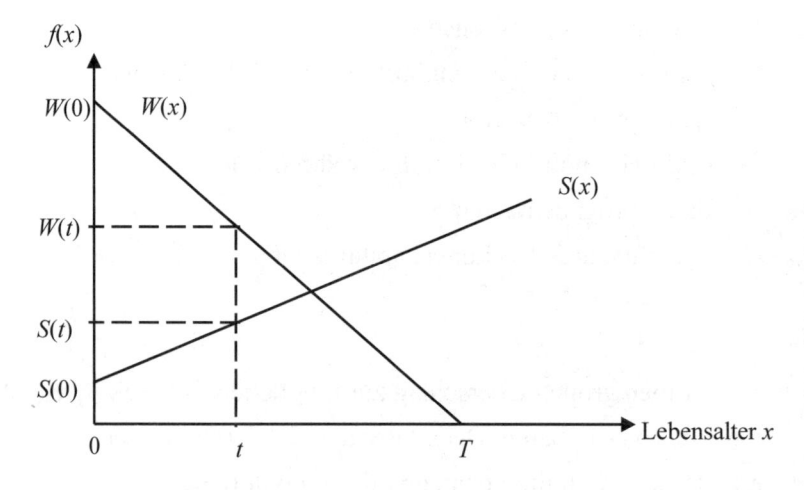

Abb. 3.3-4: Schätzung der Funktionen $W(x)$ und $S(x)$

Zur Bestimmung von $W(x)$ und $S(x)$ reichen also die Kenntnis des jeweiligen Startkapitals zum Zeitpunkt $t=0$ und der Wert beider Kapitalarten zu einem zweiten Zeitpunkt t aus. Diese Informationen sind in den meisten Fällen vorhanden.

Beispiel 3.3.7

Daisy kennt die Funktion, die den Verlauf des von ihr benötigten Deckungskapitals beschreibt. Sie bittet Donald, eine Prognose über den Verlauf ihres verfügbaren Deckungskapitals anzustellen. Falls beide Kurven sich schneiden sollten, möge Donald ihr mitteilen, wann der Schnittpunkt erreicht würde. Daisy weiß, daß dieser Zeitpunkt für sie einen Eintritt in einen neuen finanziellen Lebensabschnitt darstellt.

3.3.2 Erzielbare Rente

Herleitung

Direkt mit dem erzielbaren Deckungskapital ist die erzielbare Rente verbunden. Im günstigen Fall ist die *erzielbare* Rente größer oder gleich der *gewünschten* Rente. Die gewünschte Rente R wird von den zukünftigen Lebenshaltungskosten bestimmt. Als Kosten der Lebenshaltung gilt der Teil der Einkünfte, der nicht gespart wird, d.h.

$$R = L*(1-a) \qquad (3.3.12)$$

Die Sparquote a hat also einen positiven Einfluß, sowohl auf die gewünschte Rente (senkende Wirkung) als auch auf den Vermögensaufbau (steigende Wirkung). Ob diese Rente auch erzielbar ist, muß geprüft werden.

Nimmt man an, daß $W = k*R$ für eine ewige Rente ausreicht, muß ungefähr das k-fache einer Jahresrente als Deckungskapital vorliegen. Einsetzen für R nach (3.3.12) ergibt

$$W = k*L*(1-a).$$

Mit (3.3.10)

$$W = a*L*\Sigma_{t=1,\ldots,T}\,(1+r)^t/(1+h)^t$$

ergibt sich

$$k*L*(1-a) = a*L*\Sigma_{t=1,\ldots,T}\,(1+r)^t/(1+h)^t$$

und damit

$$k*(1-a)/a = \Sigma_{t=1,\ldots,T}\,(1+r)^t/(1+h)^t$$
(3.3.13)

Beziehungen (3.3.13) gibt die Beziehung zwischen Multiplikator k, Sparrate a, Steigerungsrate der Einkünfte h, Anzahl Perioden T und Rendite r für eine ewige Rente an. Um zu prüfen, ob R als ewige Rente erzielbar ist, kann

3 Sollkonzept

man diesen Ausdruck nach einer der Variablen auflösen, wenn man Annahmen bezüglich der anderen Parameter macht. Dabei ist es üblich $h=r$ zu setzen, d.h. es wird angenommen, daß Arbeit und Kapital die gleiche Rendite erzielen. Nun kann man die Anzahl der Perioden T, die zum Ansparen für eine ewige Rente gebraucht werden bei gegebener Sparrate a berechnen. Man kann aber auch bei gegebener Anzahl von Perioden T die benötigte Sparrate a berechnen. Beispielsweise gilt der folgende Zusammenhang zwischen a und T für $h=r$ und $k=20$:

$a = 10\%$ => $T = 180$
$a = 30\%$ => $T = 47$
$a = 50\%$ => $T = 20$

Gilt (3.3.13), d.h.

$[\Sigma_{t=1,...,T} (1+r)^t/(1+h)^t] / [k*(1-a)/a] = 1$

so ist nach T Perioden das entsprechende Deckungskapital angesammelt. Ist

$[\Sigma_{t=1,...,T} (1+r)^t/(1+h)^t] / [k*(1-a)/a] < 1$

so existiert für die ewige Rente eine *Versorgungslücke*.

Allgemein gilt für die Versorgungslücke V bei einer ewigen Rente in Prozent des Deckungskapitals

$$V(a,h,r,T) = 1 - [a/k*(1-a)]*[\ \Sigma_{t=1,...,T}\ (1+r)^t/(1+h)^t]$$
(3.3.14)

Vorgehen   Folgende Schritte prüfen, ob eine Versorgungslücke unter Annahme einer ewigen Rente vorliegt:

(1) Gewünschte ewige Rente auf Basis des Versorgungsziels bestimmen.
(2) Benötigtes Deckungskapital unter Annahme von Faktor k bestimmen.
(3) Sparrate, Steigerungsrate, Perioden und Rendite mit (3.3.13) simulieren.
(4) Sparrate und Perioden festlegen.
(5) Berechnung der prozentualen Versorgungslücke nach (3.3.14).

Ist die gewünschte ewige Rente nicht realisierbar, so sind die folgenden Alternativen zu untersuchen:

- Kann die gewünschte Rente durch Kapitalverzehr, d.h. das Kapital wird durch die Rente schrittweise aufgebraucht, realisiert werden?

3 Sollkonzept

- In welcher Höhe ist eine ewige Rente bei Kapitalerhalt d.h. die Rente wird nur aus den anfallenden Zinsen beglichen, möglich?

> Daisy unterbricht Donald in seinen Berechnungen. Ihr ist eingefallen, daß vielleicht erst einmal die grundsätzliche Frage geklärt werden müsste, ob für sie eine ewige Rente überhaupt möglich ist bzw. möglich gewesen wäre. Donald stöhnt, doch er kann Daisy keinen Wunsch abschlagen. So beginnt er die neuen Berechnungen, nachdem er sie nach ihrer maximal möglichen Sparrate, ihren Netto-Jahres-einkünften und der erwarteten Steigerungsrate sowie ihren Durchschnittssteuersatz gefragt hat. Annahmen bezüglich Inflationsrate und Zinssatz kommen aus seiner Feder. Wenn Daisy bereit ist, sich erst in 15 Jahren zur Ruhe zu setzen, so könnte sie ihre Sparrate von 95% auf 85% drücken.

Beispiel 3.3.8

Schließt man einen Vertrag über eine ewige Rente mit einer Versicherung ab, so wird die Versicherung die von ihr zu zahlenden Rentenbeträge mit *Wahrscheinlichkeiten* bewerten, mit denen der Betrag auf Grund der Lebenserwartung des Vertragspartners bezahlt werden muß. Das benötigte Deckungskapital wird dann unter Berücksichtigung der *erwarteten* Rentenauszahlungen berechnet. Grundlage der für die Berech-

Versicherung

nung notwendigen Wahrscheinlichkeiten bilden *Sterbetafeln* [Spr99, 108].

Beispiel 3.3.9 Daisy hat gehört, daß beim Abschluß von privaten Rentenversicherungen, das eigene Lebensalter eine entscheidende Rolle für die Kalkulationen von Rente, Rentendauer und einzuzahlender Prämie spielt. Sie möchte von Donald nun gerne wissen, mit welcher Wahrscheinlichkeit ihre Lebenserwartung wohl kalkuliert würde und wie sich diese im Vergleich zu Donald unterscheiden würde.

3.4 Vollständige Einnahmen-Ausgaben-Rechnung

mit Life Charts verbinden

Zweck Die vollständige Einnahmen-Ausgaben-Rechnung (EAR) besteht aus der periodengenauen und vollständigen Gegenüberstellung *aller* in der Zukunft erwarteten diskontierten Einnahmen und Ausgaben, bzw. Ein- und Auszahlungen (vgl. [BS99, 165ff], [BDS97, 313ff]. Sie baut auf der EAR aus der Istaufnahme, den ermittelten Anlagezielen und dem Vorsorgekonzept auf.

Betrachtungszeitraum Die EAR, die im Rahmen des Sollkonzepts erstellt wird, unterscheidet sich von der der Istaufnahme

3 Sollkonzept

dahingehend, daß sie nicht auf die Vergangenheit, sondern auf die *Zukunft* gerichtet und damit die Betrachtungsperiode häufig viel länger ist. Sie deckt im Idealfall den gesamten verbleibenden Lebenszyklus einer Person ab. Die Einnahmen und Ausgaben sind jetzt nicht mehr bekannte, sondern *prognostizierte* Werte.

Die vollständige EAR enthält drei Klassen von Ausgaben: **Ausgaben**

- Ausgaben für konsumtive Zwecke (Konsumausgaben),
- Ausgaben für investive Zwecke (Investitionsausgaben) und
- Ausgaben für Steuern und Abgaben.

Investitionsausgaben werden zur Sicherstellung zukünftigen Konsums getätigt. Eine Ausprägung der Investitionsausgaben sind die im Vorsorgekonzept vereinbarten Sparraten. Die Steuern und Abgaben werden hier im Sinne von Plandaten geschätzt. Ein Ziel der Erstellung der vollständigen EAR besteht in der Festlegung einer geeigneten Aufteilung der Ausgaben in Konsum- und Investitionsausgaben. Die erwarteten Einnahmen werden entsprechend der bekannten Einkunftsarten erfaßt.

Die vollständige EAR wird auch im Rahmen des Sollkonzepts als Bruttorechnung durchgeführt. Ein Ergebnis ist die Planung der zukünftigen Liquidität und des zukünftigen Vermögens der Person.

Beispiel 3.4.1

Donald ist froh, daß nun endlich die Berechnungen für das Vorsorgekonzept zum Abschluß gebracht worden sind. Doch drängt nun Daisy darauf, daß gleich mit der Erstellung der vollständigen EAR begonnen wird. Sie möchte wissen, wie sich ihre regelmäßigen Einnahmen und Ausgaben in heutiger Kaufkraft über die nächsten 20 Jahre entwickeln. Aus dem Ergebnis möchte sie mögliche Sparleistungen in der Zukunft für Konsum, Investition und Vorsorge ableiten.

Anlageziele

Mit den Anlagezielen sind Verwendungszwecke bekannt. Daraus lassen sich die zukünftigen Ausgaben ableiten. Wichtig für die Berechnungen ist, wann und in welcher Höhe diese Ausgaben in der Zukunft anfallen.

Um eine zweckgebundene Ausgabe A_t zum zukünftigen Zeitpunkt t aus heutiger Sicht abzuschätzen, kann man die für diesen Zweck heute benötigten Ausgaben A_0 mit der durchschnittlichen Inflationsrate g aufzinsen:

$$A_t = A_0 * (1+g)^t$$

Kennt man andererseits die Höhe der zukünftigen Ausgaben A_t schon heute, kann man sie unter Verwendung der durchschnittlichen Rendite r auf den heutigen Zeitpunkt abzinsen:

$$A_0 = A_t/(1+r)^t$$

> Daisy steht vor der Frage, ob sie sich ein Auto heute oder erst in 5 Jahren kaufen soll. Donald verdeutlicht ihr das Problem und stellt die folgenden Berechnungen an. Sie muß für ein Auto, daß heute 10.000 Taler kostet, in 5 Jahren unter Annahme einer durchschnittlichen Inflationsrate von 3% ungefähr 11.593 Taler ausgeben. Liegt der zukünftige Preis für ein Auto in 5 Jahren bei 11.593 Taler entspricht dies für Daisy einem heutigen Preis von ungefähr 9.083 Taler bei einer durchschnittlichen Nettorendite von 5%. Wenn Daisy nur die Barwerte vergleicht, wird sie heute 9.083 Taler anlegen und das Auto in 5 Jahren kaufen.

Beispiel 3.4.2

Mit solchen Rechnungen läßt sich also bestimmen, welche Reservierungen zur Deckung der Ausgaben von morgen schon heute zu bilden sind, d.h. welcher Teil des Nettovermögens in das RNV, bzw. in Reservierungen anderer Art überführt werden müßte. Reicht das heutige Nettovermögen für die zukünftigen

Ausgaben nicht aus oder möchte man es hierfür nicht verwenden, so ist der konstante periodische Sparbetrag $a*L$ zu berechnen, mit der die zukünftigen Ausgaben gedeckt werden können.

$$a*L = A_t*/[(1+r)^t + (1+r)^{t-1} + (1+r)^{t-2} + \ldots + (1+r)]$$

Möchte man einen Teil von A_t durch Reservierungen und den Rest durch Sparen abdecken, so kommt eine Kombination der Berechnungen in Frage.

$$A_t = A_0*(1+r)^t + a*L*[(1+r)^t + (1+r)^{t-1} + (1+r)^{t-2} + \ldots + (1+r)]$$

mit A_0 als mögliche heutige Reservierung für den zukünftigen Konsum.

Beispiel 3.4.3   Daisy hat nicht ausreichend Geld, um sich das Auto sofort kaufen zu können. Bleibt die Frage, ob sie das Auto in fünf Jahren kaufen sollte. Sie bittet Donald, die nötigen Berechnungen durchzuführen. Er ermittelt, daß der jährliche Sparbetrag für ein in 5 Jahren anzuschaffendes Auto mit heutigen Preis von 10.000 Taler und einer durchschnittlichen Inflationsrate von 3% ungefähr 1.998 Taler beträgt, unter der Annahme einer durchschnittlichen Rendite (Zins) von 5%. Kann Daisy Nettovermögen in Höhe von 5.000 Taler für den Autokauf

3 Sollkonzept

reservieren verbleibt eine notwendige Sparleistung in Höhe von ca. 1.046 Taler.

Ein weiteres Ergebnis der vollständigen EAR ist die Dokumentation der geplanten Veränderung von Vermögen und Liquidität. Die Entwicklung des Nettovermögens läßt sich durch die Periodensaldi der EAR bestimmen. Ist die prognostizierte Summe der Einnahmen größer (kleiner) als die Summe der Ausgaben, vergrößert (verkleinert) sich das Nettovermögen.

Die Liquidität gilt auf Basis der laufenden Einnahmen und Ausgaben als gesichert, wenn zu jedem Zeitpunkt ihr Saldo nicht negativ ist. Hält man mehr Liquidität als benötigt vor, so hat das negative Auswirkungen auf die erzielbare Rendite. Jede Person sollte jedoch eine *optimale Liquiditätsreserve* halten. Um kurzfristige Auszahlungsüberschüsse abzufangen, werden häufig als Minimum ein bis drei durchschnittliche Monatsauszahlungen vorgeschlagen. Diese sogenannte *Liquiditätsreserve I* kann auf Tagesgeldkonten vorgehalten werden. Auszahlungsüberschüsse, die darüber liegen, sollten aus der *Liquiditätsreserve II* gedeckt werden, die aus kostengünstig liquidierbaren Finanzanlagen besteht. Hier geht man als Daumenregel von einem Betrag von drei bis sechs durchschnittlichen Monatsauszahlungen aus, so daß die gesamte

Liquidität

Liquiditätsreserve ungefähr vier bis neun durchschnittliche Monatsauszahlungen beträgt. Die optimale Liquiditätsreserve ist jedoch individuell zu errechnen. Sie muß die Ziele der jederzeitigen Zahlungsfähigkeit und der Kapitalrenditemaximierung aufeinander abstimmen.

Beispiel 3.4.4 Daisy bekommt von Donald erklärt, daß man die Liquiditätsreserve für Unwegbarkeiten des täglichen Lebens Bargeld nennt, das man mit sich herumträgt. Um sich diese Liquiditätsreserve zu besorgen, muß man einerseits Beschaffungskosten aufwenden, andererseits verzichtet man auf Habenzinsen. Daisy möchte nun von Donald wissen, welche Höhe der optimale Bargeldvorrat haben sollte.

Lebensereignisse Je länger der Planungshorizont der vollständigen EAR ist, desto schwieriger werden die Schätzungen der zukünftigen Einnahmen und Ausgaben. Das Wesen der Planung macht es aber erforderlich, so weit wie möglich in die Zukunft zu blicken, im Idealfall bis zum Zeitpunkt des Lebensendes der Person.

Um trotz aller Unsicherheiten eine grobe Prognose möglich zu machen, analysiert man sogenannte *Lebensereignisse*, die für die meisten Menschen Relevanz haben. Solche Lebensereignisse sind beispielsweise Heirat, Hausbau, Kinder, Scheidung, freiwilliger Be-

3 Sollkonzept

rufsausstieg, Pensionierung, etc. Da jedes Leben aber etwas anders verläuft, gibt es keine einheitliche Betrachtungsweise. Es lassen sich jedoch mit Hilfe der Lebensereignisse die finanzielle Seite von Lebensläufen näherungsweise standardisieren und daraus grobe Einnahmen- und Ausgabenszenarien ableiten.

Daisy fühlt sich inzwischen ziemlich bewandert in allen Fragen der persönlichen Finanzplanung. Mit einigem Selbstbewußtsein erklärt sie Donald, daß Ausgaben, die in der Zukunft liegen, nur schwer prognostizierbar sind. Eine vereinfachende Annahme sei es, die Art der Ausgabe und ihre Höhe aus der Gegenwart abzuleiten. Daisy bietet Donald an, ihm bei der Erfüllung seiner Träume zu helfen, indem sie den in der Zukunft benötigten Geldbetrag ermittelt und gleichzeitig ein entsprechendes Sparkonzept erarbeitet. Sie sagt dieses Vorgehen biete sich auch an, wenn es um die Berechnung der finanziellen Belastungen von Donald durch die Erziehung und die berufliche Ausbildung seiner drei Neffen geht.

Beispiel 3.4.5

Hat man keine Anhaltspunkte aus Lebensereignissen, kann das Ziel auch einfach darin bestehen, das vorhandene Vermögen bis zum Lebensende aufzubrauchen. Eine wichtige Frage dabei ist, ob (Konsum-) Ausgaben eher heute (jetzt) oder eher morgen (später) ge-

Heute oder Morgen

wünscht werden. Diese Frage wird wieder über eine individuelle Nutzenfunktion U entschieden (vgl. [Spr99, 121ff]).

Es seien A_t die *Konsumausgaben* zum Zeitpunkt t, $u(A_t)$ der durch die Konsumausgaben gestiftete *Nutzen* und w die *Zeitpräferenzrate*. Die Zeitpräferenzrate beschreibt, wie hoch eine Person den Nutzen zukünftigen Konsums bezogen auf ihr heutiges Alter diskontiert und damit den aktuellen Nutzen bewertet, d.h.

$$u(A_t)*(1+w)^{-t}$$

Eine hohe Zeitpräferenzrate w bedeutet hohe Diskontierung. Hohe Diskontierung bedeutet, daß heutiger bzw. früherer Konsum deutlich wichtiger ist als zukünftiger bzw. späterer. Eine Zeitpräferenzrate von null läßt zukünftigen Konsum gleich wichtig wie heutigen erscheinen; negative Zeitpräferenzrate bedeutet, daß späterer Konsum wichtiger ist als früherer. Es gilt, den Gesamtnutzen U über die Entscheidungsvariablen A_t zu maximieren

$$U = u(A_0) + u(A_1)*(1+w)^{-1} + u(A_2)*(1+w)^{-2} + \ldots + u(A_T)*(1+w)^{-T}$$

3 Sollkonzept

Die andere Frage ist, ob die vollständige EAR *zulässig* ist, d.h. ob zukünftige Ausgaben durch zukünftige Einnahmen und aktuelles Nettovermögen gedeckt werden. Ohne auf Details einzugehen, kann man sagen, daß aus dem heutigen Nettovermögen alle zukünftigen Periodensaldi von Einnahmen und Ausgaben bestritten werden müssen. Für eine erste Zulässigkeitsprüfung der vollständigen EAR ist es ausreichend, die periodenbezogenen Renditen auf das Nettovermögen zu bestimmen. Sind diese Renditen (aktuell) nicht zu erzielen, ist die vollständige EAR unzulässig und es muß entweder zukünftige Einnahmen erhöht oder zukünftige Ausgaben gesenkt werden.

Zulässigkeit

Aufgeschreckt durch die finanziellen Belastungen, die durch die Existenz seiner drei Neffen auf Donald zukommen, überlegt er ob es nicht sinnvoll wäre, daß diese auch zum Einkommenserwerb beitragen sollten. Er überlegt, ob die zusätzlichen Einnahmen die durch ihre Tätigkeit verursachten Ausgaben auch wirklich überschreiten. Erst dann kann diese Alternative weiterverfolgt werden. So denkt er daran, daß viele der Hausarbeiten dann von ihm selbst zu erledigen wären, wodurch er wiederum an einträglicherer Arbeit oder auch am Ausruhen gehindert werden würde. Als eine Möglichkeit mehr zu sparen, erscheint ihm die Verringerung der Kosten der Lebenshaltung.

Beispiel 3.4.6

Budget Zukünftige Ausgaben A können aus zukünftigen Einnahmen E und aktuellem Nettovermögen NV gedeckt werden. $A=E+NV$ ergibt die *Budgetbeschränkung* für die vollständige EAR. E berechnet man, indem zukünftige Einnahmen abgezinst werden. Mit E_t als zukünftigen Einnahmen zum Zeitpunkt $t \leq T$ und r als Diskontierungsfaktor ergibt sich

$$E = E_0 + E_1/(1+r) + E_2/(1+r)^2 + \ldots + E_T/(1+r)^T.$$

Für die zukünftigen Ausgaben A gilt mit r als zukünftiger Anlagerendite

$$A = A_0 + A_1/(1+r) + A_2/(1+r)^2 + \ldots + A_T/(1+r)^T$$

Im Optimum ergeben sich konstante Konsumausgaben im Zeitverlauf, wenn die Zeitpräferenzrate w der Anlagerendite r entspricht. Ist $w<r$ ($w>r$) steigen (sinken) die Konsumausgaben gleichmäßig im Zeitverlauf.

Beispiel 3.4.7 Daisy bewertet heutigen und zukünftigen Konsum mit ihrer Zeitpräferenzrate und stellt sich die Frage, welche Höhe ihre Konsumausgaben in Zukunft haben sollten. Aktuell hat sie Einahmen von 60.000 Taler pro Periode. Mit diesen Einnahmen rechnet sie noch weitere 9 Perioden. Der Diskontierungsfaktor *f(g,r)* beträgt 5%. Ihr aktuelles Nettovermögen beträgt 100.000 Taler. Daisy rechnet mit einer Lebenserwartung von weiteren 30 Perioden. Die durchschnittliche Rendite *r* in dieser Zeit wird auf 5% geschätzt. Dieser Wert gilt auch für die Zeitpräferenzrate *w*. Daisy stellt sich die Frage, wieviel sie für Konsum in jeder Periode ausgeben?

Als Ergebnis der vollständigen EAR erhält man die jeweiligen Periodensaldi. Diese finden Eingang in die Vermögensplanbilanz.

3.5 Vermögensplanbilanz

Die Erstellung der Vermögensplanbilanz folgt im Grundsatz den Überlegungen zur Erstellung der (Ist-) Vermögensbilanz. Die Stichtage *t* der Vermögensplanbilanz sollten so gewählt werden, daß sie mit den ausgewiesenen Perioden aus der vollständigen EAR abgestimmt sind. Ist eine EAR unter Berücksichtigung von *T* Intervallen (*t*-1, *t*] erstellt worden, so ist es sinnvoll, auch *T* Vermögensplanbilanzen zu erstellen.

Zweck

Auch für die Vermögensplanbilanz übernehmen wir die bekannte Gliederung der Aktiva (A) und Passiva (P) der Vermögensbilanz aus der Istaufnahme nach dem 4+4 Schema:

(A1) *Liquide Anlagen*:
Kasse, Renten und Rentenfonds, Aktien und Aktienfonds, Derivate, Edelmetalle, Sonstiges

(A2) *Immobilien*:
Selbstgenutzte Immobilien, vermietete Wohnimmobilien, vermietete Gewerbeimmobilien, unbebaute Grundstücke, geschlossene Immobilienfonds, offene Immobilienfonds, Sonstiges

(A3) *Unternehmensbeteiligungen*:
Tätige Beteiligungen, nicht tätige Beteiligungen

(A4) *Sonstiges Vermögen*:
Kapitalbildende Versicherungen, Leasingfonds, Schiffsbeteiligungen, Kunst und Sammlungen, Forderungen, Sonstiges

Bei den Passiva unterteilt man das Kapital in vier Gruppen:

(P1) *Verbindlichkeiten*:
Es wird unterschieden, ob sie einzelnen Vermögensgütern direkt zuzuordnen sind (objektgebundene Verbindlichkeiten) oder ob dies nicht der Fall ist (nicht objektgebundene Verbindlichkeiten).

(P2) *Rückstellungen*:
Es werden zukünftige Verbindlichkeiten gegenüber Dritten berücksichtigt. Diese werden mit dem Barwert der zukünftigen Ausgaben bewertet.

(P3) *Reserviertes Nettovermögen* (Eigenkapital):
Es werden zukünftiger Konsum und Vorsorge berücksichtigt. Beide werden mit dem Barwert der zukünftigen Ausgaben für die Lebenshaltung und die Vorsorgeabsicherungen bewertet.

(P4) *Freies Nettovermögen* (Eigenkapital).

Fortschreibungen

Die Positionen der Vermögensbilanz zum Stichtag t werden aus den Positionen der Vermögensbilanz zum vorangegangenen Stichtag $t-1$ fortgeschrieben. Für die Fortschreibung sind u.a. die Saldi der vollständigen EAR für die Intervalle $(t-1, t]$ sowie die durch Konsum und Vorsorge erforderlichen Reservierungen RV zu berücksichtigen. Dabei gilt

$$RV(t) = RV(t-1) + RV_{Konsum}(t) + RV_{Vorsorge}(t)$$

Um die Vermögensplanbilanz aufstellen zu können, muß eine Capital Allocation und eine Asset Allocation erfolgen (vgl. [Spr99, 111ff]

3.5.1 Capital Allocation

Netto-vermögen
Klassifiziert man die Passiva (Capital, Liabilities) einer Vermögensbilanz, so gehören die reservierten Kapitalanteile zum Eigenkapital als der Anteil, der für einen definierten persönlichen Verwendungszweck reserviert wurde. Diesen Teil des Eigenkapitals haben wir bisher auch reserviertes Nettovermögen (RNV) genannt; den verbleibenden Teil des Eigenkapitals haben wir freies Nettovermögen (FNV) genannt.

Das RNV läßt sich weiter unterteilen in RNV für Vorsorge und RNV für Konsum. Für beide Arten des RNV sind unterschiedliche Planungshorizonte bekannt. Sie ergeben sich aus den Zeitpunkten, zu denen die beabsichtigten Verwendungszwecke realisiert werden sollen.

RNV
Bei der Entscheidungsfindung zur Anlage des RNV ist aus Risikosicht die *Shortfall-Wahrscheinlichkeit* von Bedeutung. Dabei handelt es sich um die Wahrscheinlichkeit, mit der das erzielte Anlageergebnis für den Verwendungszweck nicht ausreicht. Diese sollte für das RNV möglichst klein sein. Allgemein ist die Frage zu beantworten, welches Portfolio einer vorgegebenen Shortfall-Wahrscheinlichkeit für einen gegebenen Zeitraum genügt. Bei sehr langem

3 Sollkonzept

Anlagehorizont kann ein etwas höheres Risiko eingegangen werden.

Beim FNV ist es in den meisten Fällen nicht möglich, einen genauen Anlagehorizont anzugeben. Bei der Entscheidungsfindung zur Anlage des FNV ist der Spielraum für das Eingehen von Risiken größer als beim RNV. Bei der Anlage des FNV wird häufig der Ansatz der modernen *Portfoliotheorie* gewählt.

FNV

Im ersten Schritt der Erstellung der Vermögensplanbilanz wird durch die Capital Allocation die angestrebte (prozentuale) Aufteilung der Passiva in

Vorgehen

- Verbindlichkeiten unterschieden nach Laufzeiten,
- Rückstellungen,
- RNV für Konsum,
- RNV für Vorsorge und
- FNV

zu den jeweiligen Stichtagen festgelegt.

Sind die Kapitalanteile auf der Passivseite bekannt, so muß abhängig von der Risikotoleranz der Person festgelegt werden, wieviel Prozent der einzelnen Positionen in welchen zur Auswahl stehenden *Risiko-*

Risikoklassen

klassen angelegt werden. Eine gängige Einteilung von Risikoklassen unterscheidet

- konservativ: kein bis kleines Risiko,
- ausgewogen: kleines bis mittleres Risiko,
- ertragsorientiert: mittleres Risiko,
- spekulativ: mittleres bis großes Risiko

Beispielsweise könnte man individuell festlegen, das die Verbindlichkeiten, die Rückstellungen und das RNV für Vorsorge zu 100% konservativ, das RNV für Konsum zu 50% konservativ und zu 50% ausgewogen und das FNV zu 70% ertragsorientiert und zu 30% spekulativ angelegt wird. Diese Werte können sich im Zeitverlauf ändern oder auch über mehrere Perioden fortgeschrieben werde.

Beispiel 3.5.1 Daisy möchte von Donald, daß er für sie eine Vermögensplanbilanz erstellt. Diese soll bezogen auf die Ist-Vermögensbilanz auf der Annahme basieren, daß für Konsum zusätzliche Reservierungen in Höhe von 200.000 Taler gebildet werden. Außerdem sollte die Capital Allocation nach den folgenden Vorgaben durchgeführt werden: Verbindlichkeiten, Rückstellungen und Reservierungen für die Vorsorge sind zu 100% konservativ abzusichern; Reservierungen für den Konsum sind zu jeweils 50% konservativ und ausgewogen abzusichern; das freie Eigenkapital soll zu 70% ertragsorientiert und zu 30% spekulativ angelegt werden.

3.5.2 Asset Allocation

Im zweiten Schritt der Erstellung der Vermögensplanbilanz ist im Rahmen der Asset Allocation zu klären, auf welche Art die Aktiva (Assets) im Hinblick auf Liquidität, Rendite und Risiko unter Berücksichtigung der als Ergebnis der Capital Allocation fixierten Risikoklassen zu strukturieren sind. Die Ist-Vermögensbilanz ist also auf der Aktivseite zu überarbeiten. Dabei ist zu prüfen, ob die einmal festgelegte Aufteilung der Vermögensarten weiterhin Bestand hat oder ob sie angepaßt werden sollte.

Vermögen

Aufgabe der Asset Allocation ist die Bestimmung der *Anteile* der verschiedenen Vermögenspositionen (Assets) auf der Aktivseite der Vermögensbilanz. Aus dieser Aufteilung folgt auch, mit welchen Renditen eine Person rechnen kann, wie die Risiken verteilt sind und wie es mit der Liquidität bestellt ist. Die Asset Allocation muß die Risikotoleranz des Investors und die Aufteilung der Passiva als Resultat der Capital Allocation

Aufteilung

berücksichtigen. Häufig sind noch zusätzliche Randbedingungen, wie beispielsweise eine vorgegebene *Mindestrendite* über alle Vermögenspositionen zu beachten.

Empirische Untersuchungen haben gezeigt, daß die Entscheidungen der Zuordnung des Kapitals zu Vermögenspositionen einen stärkeren Einfluß auf das erzielbare Ergebnis haben als die Optimierung innerhalb einzelner Vermögenspositionen.

Klassen- Nimmt man als Merkmale für eine Klassenbildung
bildung

- Rendite,
- Liquidität und
- Wertstabilitätsrisiko,

so lassen sich beispielsweise vier Klassen bilden, in die man die Vermögenspositionen einordnen kann. Beispielsweise ergibt sich die folgende Zuordnung der Aktiva:

- Rendite gering, Liquidität gering, Risiko gering: Immobilien
- Rendite gering, Liquidität hoch, Risiko gering: AAA-Anleihen
- Rendite hoch, Liquidität hoch, Risiko hoch: Aktien

- Rendite hoch, Liquidität gering, Risiko hoch:
  Beteiligung an einem Start Up (Neugründung)

Die Vermögenspositionen lassen sich neben ihren Arten wie Aktien, Anleihen, Immobilien, Gold, Kunstwerke, Sammlungen etc., weiter diversifizieren nach

- Regionen und Ländern,
- Währungen,
- Bonitäten der Schuldner,
- Laufzeiten und
- Branchen.

Ein gut strukturiertes Portfolio benutzt alle diese Diversifikationsmöglichkeiten im Rahmen zu beachtender Zuordnungsrestriktionen.

Es gibt verschiedene Vorschläge für eine Asset Allocation: **Ansätze**

(1) Ein einfacher Ansatz der Asset Allocation unterscheidet nur zwischen den Klassen Finanz- und Sachvermögen. Finanzvermögen steht für hohe Liquidität und nominellen Kapitalerhalt, Sachvermögen für geringe Liquidität und realen Kapitalerhalt. Gesucht ist eine prozentuale Aufteilung in Finanz- und Sachvermögen. Kritisch ist an die-

ser Art von Klassenbildung, daß die oben genannten Kriterien nicht immer trennscharf sind. So gibt es beispielsweise Anleihen, die inflationsindiziert sind und somit Liquidität und realen Kapitalerhalt verbinden.

(2) Die Asset Allocation kann auf Basis von einfachen Regeln erfolgen. So werden beispielsweise zur Aufteilung des liquiden Vermögens die folgenden Daumenregeln, die auf Erfahrungen basieren, vorgeschlagen:

- Ausgewogene Mischung: (40-50)% Aktien, (40-50)% Anleihen, (10-20)% Kasse
- Altersmischung: (100 - Lebensalter)% in Aktien, (5-10)% Kasse, (Lebensalter - Kasse)% in Anleihen

(3) Es kann auch eine detailliertere Aufteilung vorgenommen werden. So kann zwischen *maximalen* Anteilen der einzelnen Positionen am gesamten Vermögen unterschieden werden:

(a) 100% für Forderungen gegenüber Schuldnern mit Sitz in der EU, je Schuldner höchstens 15%. Forderungen gegenüber Schuldnern mit Sitz im Inland (Wohnsitzland) sind folgt begrenzt:
- mit Staatsgarantie auf 50%,

- ohne Staatsgarantie gegenüber Banken auf 30%,
- ohne Staatsgarantie gegenüber allen übrigen Schuldnern auf 5%.

(b) 75% für Forderungen gegenüber Schuldnern mit Sitz in Drittstaaten, je Schuldner höchstens 3%.

(c) 50% für Aktien sowie andere Beteiligungen an Gesellschaften, davon 30% für inländische und 25% für ausländische Beteiligungen, je Gesellschaft höchstens 3%.

(d) 50% für Fremdwährungen.

(e) 50% für Immobilien und Immobilienfonds.

(f) 20% für nicht traditionelle Anlagen

(g) 40% für Grundpfandtitel auf Liegenschaften.

Für das Portfolio aller Anlagen sind unter Einbezug von derivativen Finanzinstrumenten alle einzelnen Beschränkungen einzuhalten.

(h) 5% für Edelmetalle und realwirtschaftliche Anrechte.

(i) 70% für Immobilien und Aktien.

Die maximalen Anteile können noch durch *Bandbreiten* ergänzt werden, die gewünschte maximale und minimale Anteile definieren:

(j) Liquidität Eigenwährung zwischen 43% und 60%.

(k) Liquidität Fremdwährung zwischen 0% und 17%.

(l) Obligationen Eigenwährung zwischen 26% und 32%.
(m) Obligationen Fremdwährung zwischen 8% und 12%.
(n) Aktien Inland zwischen 8% und 12%.
(o) Aktien Ausland zwischen 8% und 12%.
(p) Immobilien zwischen 12% und 12%.
(q) Fremdwährungen zwischen 18% und 35%.

(4) Neuere Ansätze bauen auf der Portfoliotheorie auf. Dazu benötigt man genaue Kenntnisse der erwarteten Rendite der Anlagealternative und des damit verbundenen Risikos. Ziel ist es, *rendite-risiko-effiziente* Portfolios von Anlagen zu bestimmen. Ein Portfolio ist rendite-effizient (risiko-effizient), wenn es bei gegebenem Risiko (gegebener Rendite) kein anderes Portfolio mit einer höheren Rendite (geringeren Risiko) gibt.

Effiziente Portfolios Unter den effizienten Portfolios sucht die Person das individuelle Portfolio, was ihrer Risikotoleranz und ihren Renditevorstellungen entspricht. Leider sind die effizienten Portfolios nur ex post genau zu bestimmen. Für vorausschauende Betrachtungen ist man auf Prognosen von Renditen und Risiken angewiesen, über deren Eintrittswahrscheinlichkeiten man keine hinreichend genauen Aussagen machen kann. In [BS99, 98ff]

3 Sollkonzept

sind verschiedene Anlagen unter der Risiko-Rendite-Sicht auf der Basis von Vergangenheitswerten dargestellt.

Rendite und Risiko

Risiko und Rendite hängen von der Laufzeit einer Anlage ab (vgl. [Spr99, 94ff]). So geht man häufig davon aus, daß Anlagen in Aktien über eine kurze Zeitdauer (1 Jahr) riskanter sind als solche Anlagen über eine lange Laufzeit (25 Jahre). Nehmen wir beispielsweise für eine auf 25 Jahre getätigte Anlage an, daß es ein Risiko gibt, daß die Anlagerendite kleiner als 3% bzw. als die Inflationsrate ist und daß wir eine Wahrscheinlichkeit von 3,2% vorgeben, mit der dieses Risiko eintritt. Die 3,2% entsprechen der Wahrscheinlichkeit, daß die Rendite kleiner als 3% bei einer 100%igen Anlage in Aktien auf die Dauer von 25 Jahren ist. Anders ausgedrückt besteht eine 96,8%ige Sicherheit, daß die Rendite größer oder gleich 3% ist.

Sicherheiten

Mit Hilfe solcher Information lassen sich die Wahrscheinlichkeiten (Sicherheiten) für andere Anlagedauern berechnen und sich daraus die entsprechenden Aktienquoten bestimmen. Beispielsweise ergeben sich die folgenden Paare (x,y) von Anlagedauer x in Jahren und Aktienquote y in Prozent:

(1,4), (5,11), (10,20), (15, 33), (19, 50), (20, 55),

(21, 62), (22, 69), (23, 78), (24, 88) und (25, 100).

Abhängig von einer geforderten Mindestrendite ergeben sich andere Laufzeiten und andere Prozentzahlen.

Musterportfolios (5) Ein weiterer, praxisorientierter Ansatz unterscheidet Klassen von *Musterportfolios*. Häufig werden drei oder vier Musterportfolios, bzw. Risikoklassen gebildet, und in jeder Risikoklasse sind die jeweiligen Vermögensanteile fest vorgegeben. Unterscheidet man beispielsweise die Klassen mit

- konservativ,
- ausgewogen,
- ertragsorientiert und
- spekulativ,

so wäre die folgende Aufteilung denkbar:

- konservativ: 20% Kasse, 20% Anleihen, 20% Aktien, 40% Immobilien
- ausgewogen: 20% Kasse, 30% Anleihen und 30% Aktien, 20% Immobilien
- ertragsorientiert: 10% Kasse, 20% Anleihen, 60% Aktien, 10% Sonstiges Vermögen
- spekulativ: 5% Kasse, 80% Aktien, 15% Sonstiges Vermögen.

Kombinationen

Nun kann man alle genannten Ansätze auch kombinieren. So ist es ein praktikabler Weg, das RNV konservativ oder ausgewogen und das FNV ertragsorientiert oder spekulativ anzulegen. Anschließend sucht man innerhalb der Klassen nach effizienten Mischungen mit Hilfe der Portfoliotheorie.

Beispiel 3.5.2

Daisy möchte, daß dieses Vorgehen auch auf ihre Vermögensplanbilanz, deren Erstellung in Beispiel 3.5.1 begonnen wurde, angewendet wird. Die Durchführung der Asset Allocation ist in diesem Fall nicht trivial. Donald stellt mehrere Gleichungen auf und beginnt diese aufzulösen. Dem von ihm ermittelten Ergebnis liegen die folgenden Annahmen zugrunde:

(1) Verbindlichkeiten, Rückstellungen und RNV für Vorsorge werden zu 100% konservativ in den Anteilen jeweils 20% für Kasse, Renten, Aktien und 40% für Immobilien angelegt.

(2) RNV für Konsum wird zu 50% konservativ und 50% ausgewogen in den Anteilen 20% für Kasse, jeweils 30% für Renten und Aktien und 20% für Immobilien angelegt

(3) FNV wird zu 70% ertragsorientiert in den Anteilen 10% für Kasse, 20% für Renten, 60% für Aktien und 10% für Sonstiges Vermögen, sowie 30% spekulativ in den Anteilen 5% für Kasse,

> 80% für Aktien und 15% für Sonstiges Vermögen.
> Auf Grund dieser Annahmen müssen liquide Anlagen, Immobilien und sonstiges Vermögen entsprechend berichtigt werden.

Literatur

[BDS97] Bea,F, Dichtl,E., Schweitzer,M., *Allgemeine Betriebswirtschaftslehre, Band 3: Leistungsprozeß*, Lucius & Lucius, 1997

[BGS99] Breuer, W., Gürtler, M., Schuhmacher, F., *Portfoliomanagement*, Gabler, 1999

[BS99] Böckhoff,M., Stracke,G., *Der Finanzplaner*, Sauer, 1999

[HR00] Hallmann,V., Rosenbloom,J., *Personal Financial Planning*, McGraw-Hill, 2000

[Spr99] Spremann,K., *Vermögensverwaltung*, Oldenbourg, 1999

4 Maßnahmenplanung

Basis der Maßnahmenplanung zur Umsetzung der Ergebnisse des Sollkonzepts ist die Vermögensplanbilanz. Diese zeigt die Aufteilung von Kapital und Vermögen in unterschiedliche Klassen und den Anteil jeder der Klassen am Gesamtvermögen bzw. am Gesamtkapital.

Die einzelnen Kapitalklassen müssen für Investitionsobjekte entsprechend der bei der Erstellung der Vermögensplanbilanz gemachten Vorgaben verwendet werden. Bevor dies geschehen kann, sind jedoch noch zusätzliche Überlegungen anzustellen, die zu *Randbedingungen* bei der Entscheidung für Investitionsobjekte führen.

Aufgaben

Dazu müssen zunächst im Rahmen der *Steuerplanung* die steuerlichen Fragen erhoben und die zukünftige steuerliche Situation geplant werden. Die Steuerplanung hätte auch schon im Rahmen von Istaufnahme und Sollkonzept behandelt werden können. Bei der persönlichen Finanzplanung sollen aber steuerliche Überlegungen nicht im Mittelpunkt der Entscheidungsfindung stehen, jedoch sind sie bei der Einleitung von Maßnahmen zu betrachten. Mit Hilfe der *Investment-*

analyse werden Rendite, Risiko und andere Attribute ausgewählter Anlagealternativen genauer evaluiert. Die Gewichtung der Anlagealternativen im Rahmen der *Portfoliobildung* legt fest, mit welchen prozentualen Anteilen die Alternativen innerhalb der vorgegebenen Assetklassen realisiert werden. Bei Bedarf kann eine über die Diversifikation der Portfoliobildung hinausgehende zusätzliche *Portfolioabsicherung* gegen Wertverlust erfolgen. Schließlich ist zu entscheiden, auf der Basis welcher *Produkte* die Anlagealternativen umgesetzt werden und zu welchen *Zeitpunkten* diese Umsetzung erfolgen sollte.

4.1 Steuerplanung

Zweck In Hochsteuerländern kommt der Steuerplanung eine besondere Bedeutung zu. Im Zentrum der Überlegungen steht häufig die Optimierung der Einkommensteuer, aber auch Erbschafts-, Schenkungs- und Unternehmenssteuern sind von Bedeutung.

Das steuerliche Regelwerk ist durch umfangreiche nationale Vorschriften geprägt und unterliegt regelmäßigen Anpassungen bzw. Änderungen. So unter-

4 Maßnahmeplanung

scheidet das deutsche Einkommenssteuerrecht aktuell sieben Einkunftsarten. Die zu versteuernden Einnahmen werden aus den Bruttoeinnahmen abzüglich der anzusetzenden Werbungskosten ermittelt. Hat man das zu versteuernde Einkommen ermittelt, läßt sich mit Hilfe des zutreffenden Steuersatzes die Steuerschuld bestimmen. Neben der zu entrichtenden Einkommenssteuer lassen sich auch Durchschnittssteuersatz und Grenzsteuersatz berechnen. Der *Durchschnittssteuersatz* gibt an, wie hoch der prozentuale Anteil der Einkommenssteuer am zu versteuernden Einkommen ist. Besonders wichtig für die Steuerplanung ist der *Grenzsteuersatz*. Er gibt an, mit welchem Prozentsatz zusätzliches Einkommen besteuert wird bzw. zusätzliche steuerlich ansetzbare Aufwendungen eine Steuerreduktion bringen. Beide Steuersätze lassen sich als Funktion vom Einkommen angeben.

Die Berechnung der Einkommenssteuer auf Basis des zu versteuernden Einkommens bedeutet, eine Funktion auszuwerten. Beispielsweise sei $f(x)$ die zu entrichtende Einkommenssteuer, x das zu versteuernde Einkommen; $c(x)$, a, b und y sind Parameter, die von x abhängen bzw. konstant sind (vgl. [BS99, 175]):

Berechnung

$f(x) = 0$ für $x \leq a$
$f(x) = (c_1(x)*c_2(x)+c_3(x))*c_4(x)+c_5(x)$ für $a < x \leq b$
$f(x) = y_1*c_6(x) - y_2$ für $b < x$

Durch- Der Durchschnittssteuersatz $f(x)/x$ kann zur Ab-
schnitts- schätzung der Steuerlast herangezogen werden, indem
steuersatz die erwarteten Einnahmen mit dem Durchschnittssteuersatz multipliziert werden. Der sich ergebende Wert ist gegebenenfalls noch mit anderen Steuersätzen, wie beispielsweise der Kirchensteuer, zu multiplizieren.

Grenz- Der Grenzsteuersatz kann zur Beantwortung der
steuersatz Frage, wie sich die Steuerlast bei verändernden Einkommen entwickelt, herangezogen werden. Er hilft besonders bei der überschlägigen Einschätzung steuergestaltender Maßnahmen. Genauer ist das Ergebnis, wenn man die exakte Steuerbelastung auf Basis der jeweiligen Handlungsalternativen berechnet.

Steuerplanung bedeutet, das Ziel der Minimierung der Steuerbelastung durch steuerliche Gestaltungsmöglichkeiten zu verfolgen. Man unterscheidet Steuervermeidung, Steuerverminderung und Steuerverschiebung. Im Folgenden sollen einige Beispiele für steuerplanende Maßnahmen aufgezählt werden.

4 Maßnahmeplanung

Steuervermeidung bedeutet, daß Einkünfte so gestaltet werden können, daß keine Steuern anfallen. Folgende Maßnahmen sind denkbar:

Steuervermeidung

- Erzielung steuerfreier Erträge: Kursgewinne versus Zinsen, Kapitallebensversicherungen.
- Nutzung von Freibeträgen: Sparerfreibetrag für Einkünfte aus Kapitalvermögen.
- Einbeziehung des familiären Umfeldes: Übertragung von Einkünften auf Kinder.

Kursgewinne im Privatvermögen sind im aktuellen deutschen Einkommensteuerrecht überwiegend steuerfrei. Dies gilt aber nicht für private Veräußerungsgeschäfte mit Kursgewinnen, wie beispielsweise:

- Veräußerung von Grundeigentum, wenn zwischen Anschaffung und Veräußerung weniger als 10 Jahre liegen,
- Veräußerung von anderen Wirtschaftsgütern, wenn zwischen Anschaffung und Veräußerung weniger als 1 Jahr liegt,
- Termingeschäfte, wenn zwischen Erwerb und Beendigung des Rechts weniger als 1 Jahr liegt.

Steuerverminderung wird möglich durch die Nutzung von Steuerbegünstigungen. Beispiele sind

Steuerverminderung

- Begünstigung von Veräußerungsgewinnen,
- Nutzung von Abschreibungsmöglichkeiten und
- Pauschalbesteuerungen (Vorsorgepauschale).

Steuerver-
schiebung

Steuerverschiebung bedeutet die zeitliche Verschiebung einer Steuerbelastung in die Zukunft. Daraus können sich drei Vorteile ergeben:

- Zinseffekt durch die kostenlose Stundung der Einkommenssteuerschuld,
- aktueller Progressionsminderungseffekt und
- geringere endgültige Steuerschuld bei sinkenden zukünftigen Einkommen.

Die gängige Art der Steuerverschiebung besteht darin, heute (steuerwirksame) Investitionen zu tätigen, deren steuerwirksame Erträge erst in der Zukunft liegen.

Beispiel 4.1.1 Daisy möchte Steuern sparen. Sie überlegt, ob sich mit einer Investition in eine Null-Kupon-Anleihe oder auch einer Aktie eine Steuerersparnis erzielen läßt. Donald sagt dazu, daß die Rendite einer Anleihe nach Steuern ausschlaggebend sei. Daisy bittet ihn, entsprechend dieses Kriteriums Anleihen und Aktien zu vergleichen.

4 Maßnahmeplanung

Nicht nur für Finanztitel, sondern für alle Aktiva der Vermögensbilanz, mit denen Einnahmen verbunden sind, sind steuerliche Überlegungen relevant, wobei insbesondere die Rendite nach Steuer zu analysieren ist. Mit Hilfe dieses Kriteriums können verschiedene potentielle Aktiva im Rahmen der Steuerplanung verglichen werden.

Beispiel 4.1.2

Daisy möchte die Rendite nach Steuern von Anleihen und vermieteten Immobilien vergleichen. Da Donald dieses Kriterium schon für verschiedene Arten von Anleihen untersucht hat, bittet sie ihn, dies jetzt auch für eine von ihr ins Auge gefaßte Immobilie zu tun. Dabei sollte er auch gleich für verschiedene Finanzierungsarten die entsprechenden Liquiditätsrechnungen durchführen.

Auf dem Markt gibt es eine Vielzahl von Investitionsmöglichkeiten mit dem Vorteil einer geringen steuerlichen Belastung. So ist bei Aktienfonds im langjährigen Durchschnitt der Anteil der steuerfreien Erträge mehr als 50% des Gesamtertrags.

In [BS99, 180ff] sind weitere Möglichkeiten der Nutzung steuerlicher Gestaltungsspielräume aufgezählt. Jedoch sollte keine dieser Möglichkeiten als Begründung benutzt werden, um von den im Sollkonzept festgelegten Vorgaben für die Asset Allocation abzuweichen.

Steuer- Steueroptimierung ist ein komplexes Problem,
optimierung was sich einer Standardisierung weitgehend entzieht. Die Möglichkeiten der Vermeidung, Verminderung und Verschiebung von Steuern müssen individuell simuliert werden. Ein privates Steueroptimierungsmodell läßt sich mit Hilfe der mathematischen Programmierung formulieren und lösen.

4.2 Investmentanalyse

Zweck Die Investmentanalyse hat das Ziel, Investitionsobjekte im Allgemeinen und im Besonderen zu beurteilen (vgl. [EG95], [SA90], [Mal99]). Investitionsobjekte beziehen sich auf alle in der Vermögensbilanz aktivierbaren Positionen. Dabei gibt es eine große Auswahl möglicher Objekte wie beispielsweise Bargeld, Kontensparen (Spareinlagen, Termineinlagen, Bausparen), Dividendenwerte, Zertifikate, Renten- und Lebensversicherungen, Edelmetalle, Schmuck, Kunst, Luxusgüter, Immobilien, Optionen, festverzinsliche Wertpapiere (Schuldverschreibungen von Banken und Sparkassen, Sparobligationen, Inhaber-, Wandelschuldverschreibungen,

4 Maßnahmeplanung

Bundesschatzbriefe, Bundes-, Kommunal-, Industrieobligationen) und vieles mehr. Für einen privaten Anleger ist es nicht sinnvoll, alle existierenden Investmentalternativen zu betrachten; er sollte eine kleine Teilmenge fokussieren, die er dann auch gut versteht.

Neben einer allgemeinen Analyse der Eignung einer *Klasse von Investitionsobjekten* (Anlageklasse) für gegebene Anlageziele, wird auch eine besondere Prognose bezogen auf den Erfolg *individueller Investitionsobjekte* (Anlageobjekt) abgegeben. Die *allgemeine Analyse* umfaßt beispielsweise Aussagen zu den Kriterien

Analysearten

(01) *Risiko*
  im Vergleich zu anderen Anlageklassen mit den Ausprägungen: sehr niedrig, niedrig, hoch, sehr hoch;
(02) *Rendite*
  im Vergleich zu anderen Anlageklassen mit den Ausprägungen: sehr niedrig, niedrig, hoch, sehr hoch;
(03) *Liquidierbarkeit*
  mit den Ausprägungen: kurzfristig, mittelfristig, langfristig;
(04) *Besteuerung*
  mit den Ausprägungen: niedrig, mittel, hoch;

(05) *Inflationsabhängigkeit*
mit den Ausprägungen: niedrig, mittel, hoch;
(06) *eigener Managementaufwand*
(gemessen in Zeit und Kosten) mit den Ausprägungen: niedrig, mittel, hoch;
(07) *minimaler Investitionsbetrag*
mit den Ausprägungen: niedrig, mittel, hoch;
(08) *Kosten des Investments*:
Transaktionskosten, Verwaltungskosten mit den Ausprägungen: niedrig, mittel, hoch;
(09) sonstige Randbedingungen.

Die *besondere Analyse* bezieht sich im Kern auf Aussagen zu den Kriterien:

(10) erwartete *Brutto-Rendite* des Investitionsobjekts;
(11) erwartete *Netto-Rendite* des Investitionsobjekts
- nach Inflation und
- nach Steuern;
(12) erwartetes spezifisches Risiko des Investitionsobjekts;
(13) sonstige Erwartungen;
(14) sonstige Randbedingungen.

Die Investmentanalyse hat also ein breites Spektrum von Aufgaben zu bewältigen. So sind einerseits spezielle Prognosen über zukünftige Entwicklungen für einzelne *Anlageobjekte* zu erstellen; andererseits müssen die Eigenschaften am Markt gehandelter *Anlageklassen* entsprechend obiger allgemeiner Kriterien analysiert werden. Leider gibt es keine Anlageklasse, die alle anderen Anlageklassen in allen genannten Kriterien dominiert.

4.2.1 Allgemeine Analyse von Anlageklassen

Um die Investmentanalyse auf ein überschaubares Maß zu reduzieren, sollten aus der Gesamtheit aller Anlageklassen, die herausgegriffen werden, die aus den Ergebnissen der Asset Allocation und der Capital Allocation abgeleitet werden können. In [EG95, 12] werden verschiedene Anlageklassen diskutiert, die dem Finanzvermögen zuzurechnen sind. Eine erste Unterscheidung trennt Anlageklassen nach direkten und indirekten Investments. Ein Beispiel für *indirekte* Investments sind Fonds. *Direkte* Investments umfassen beispielsweise Geldmarktpapiere (Laufzeit bis zu einem Jahr), Kapitalmarktpapiere (Laufzeit ab einem Jahr) und derivative Instrumente. Kapitalmarktinstrumente umfassen Objekte mit Fremdkapital-Charakter, die mit festen Zahlungen ausgestattet sind, und Objekte mit Eigenkapital-Charakter.

Finanzvermögen

Wir wollen uns bei der Diskussion der Investmentanalyse auf einige wenige Anlageklassen beschränken. Einen guten Überblick zur allgemeinen Analyse von Anlageklassen findet man in [Bit02] und [Lyk02].

Aktien *Aktien* (Common Stocks) repräsentieren Anteile am Grundkapital einer Aktiengesellschaft und gelten als risikobehaftetes und auf lange Sicht renditestarkes Investment. Die Rendite einer Aktie besteht aus zwei Teilen: jährliche *Dividendenzahlung* und (steuerfreie) *Wertsteigerung*.

Ankündigungen zur Wiederaufnahme von Dividendenzahlungen wirken oftmals kurssteigernd; Ankündigungen von Dividendenaussetzungen haben umgekehrte Effekte. Ein Beispiel für ein Aktien-Listing findet sich in Abbildung 4.2-1.

Wie stark die Dividendenzahlungen zur Rendite beitragen, wird durch die Dividendenrendite gemessen:

Dividendenrendite = Dividendenzahlung / aktueller Kurs

Man kann einen Aktienindex als *Performanceindex* unter Berücksichtigung der Dividendenzahlungen oder als reinen *Preisindex* ohne Dividenden notieren. So ist es nicht ungewöhnlich, wenn die Rendite eines Index zu 40% aus Dividendenzahlungen besteht.

52 Wochen		Börsenwert in Mrd. Landeswähr.		Gewinn je Aktie			KGV				Parkett Frankfurt 8.6.05	9.6.05	Tages		Veränd. in % seit	
Hoch	Tief	Gesamt	Streubesitz	2004	2005s	2006s	2005	2006	ISIN		Schluß	18.42 Uhr	Hoch	Tief	8.6.05	30.12.04
3134,62	2580,04			238,00	258,88	276,18	12,1	11,3	EU0009658145	**Euro Stoxx 50**	3125,59	3122,93	3128,6	3109,2	-0,1	+5,8
21,49	16,27	33,38	33,38	2,33s	1,84	2,03	10,7	9,7	NL0000301109	ABN Amro (NL)	19,58	**19,65**	19,65	19,44	+0,4	+0,6
10,99	8,16	16,52	14,69	1,02s	1,00	1,05	10,6	10,1	NL0000301760	Aegon (NL)	10,53	**10,66**	10,66	10,48	+1,2	+6,2
7,04	5,01	9,93	9,93	0,36s	0,36	0,45	17,8	14,2	NL0000331817	Ahold (NL)	6,35	**6,39**	6,39	6,27	+0,6	+13,1
148,20	122,00	15,53	15,53	7,22s	8,42	9,10	16,9	15,6	FR0000120073	Air Liquide (F)	141,50	**142,20**	142,30	141,60	+0,5	+5,3
12,85	8,15	11,75	11,14	0,73s	0,63	0,55	14,3	16,4	FR0000130007	Alcatel (F)	9,03	**9,01**	9,06	8,92	-0,2	-20,3
26,15	20,93	33,18	28,73	1,04s	1,19	1,32	21,9	19,7	IT0000062072	Ass. Generali (I)	25,30	**26,00**	26,00	25,27	+2,8	+4,1
21,37	15,63	37,98	30,32	1,25s	1,29	1,36	15,4	14,6	FR0000120628	Axa UAP (F)	20,14	**19,98**	20,01	19,70	-0,8	+9,5
13,40	10,49	42,96	42,96	0,87s	0,99	1,11	12,8	11,4	ES0113211835	Banco Bilbao Viz. (E)	12,60	**12,67**	12,67	12,59	+0,6	-2,8
9,82	7,70	58,23	58,23	0,76s	0,76	0,89	12,3	10,5	ES0113900J37	Banco Santander (E)	9,39	**9,31**	9,34	9,29	-0,9	+1,7
56,75	45,00	49,28	46,37	5,46s	5,92	6,04	9,4	9,2	FR0000131104	BNP Paribas (F)	55,70	**55,97**	55,97	55,40	+0,5	+5,2
42,10	33,45	28,18	23,73	2,77s	3,02	3,33	13,2	12,0	FR0000120172	Carrefour (F)	40,12	**39,97**	40,05	39,35	-0,4	+13,9
23,86	19,20	31,27	14,38	1,70s	2,20	2,45	9,7	8,7	FR0000045072	Crédit Agricole (F)	21,32	**21,22G**	21,22	21,22	-0,5	-4,2
77,00	62,50	19,97	18,68	3,75s	4,09	4,41	18,2	16,9	FR0000120644	Danone (F)	74,84	**74,50**	74,90	74,50	-0,5	+10,2
18,13	14,51	18,85	16,96	1,49s	1,42	1,49	12,5	12,0	ES0130670112	Endesa (E)	17,91	**17,94**	17,94	17,69	+0,2	+3,2
7,72	6,10	45,78	26,64	0,50s	0,43	0,47	17,4	16,0	IT0003128367	Enel (I)	7,50	**7,50**	7,51	7,49	±0,0	+3,6
21,49	16,25	85,60	54,61	1,57s	1,99	1,68	10,8	12,7	IT0003132476	Eni (I)	21,49	**21,45**	21,45	21,25	-0,2	+16,1
22,93	16,97	29,18	27,41	2,59s	2,55	2,19	8,8	10,3	BE0003801181	Fortis UTS (B)	22,40	**22,48**	22,48	22,36	+0,4	+10,3
25,20	18,70	55,83	32,24	0,90s	2,03	2,25	11,2	10,1	FR0000133308	France Télécom (F)	22,80	**22,63**	22,85	22,63	-0,7	-7,1
21,32	16,15	19,11	16,66	1,32s	1,53	1,71	13,9	12,4	ES0144580018	Iberdrola (E)	21,22	**21,20**	21,22	21,20	-0,1	+13,7
23,99	17,92	50,71	45,64	2,41s	2,26	2,27	10,2	10,1	NL0000303600	ING Groep (NL)	22,88	**23,05**	23,05	22,68	+0,7	+4,0
81,10	66,65	12,67	12,67	6,14s	5,90	6,68	12,6	11,1	FR0000120537	Lafarge (F)	73,00	**74,20**	74,20	73,20	+1,6	+3,8
67,45	51,50	40,90	18,88	2,46s	2,45	2,69	24,7	22,5	FR0000120321	L'Oréal (F)	60,50	**60,40**	60,65	59,85	-0,2	+8,0
62,00	50,00	30,18	15,84	2,42s	2,84	3,25	21,7	19,0	FR0000121014	LVMH Moët Hennes. (F)	61,30	**61,60**	61,60	61,25	+0,5	+9,6
14,15	8,85	64,31	64,31	0,72s	0,82	0,86	16,8	16,0	FI0009000681	Nokia (FIN)	13,98	**13,82**	13,95	13,77	-1,1	+19,2
22,95	17,77	28,49	28,49	2,21s	1,17	1,77	18,5	12,2	NL0000009538	Philips Electronics (NL)	21,78	**21,77**	21,77	21,51	-0,0	+12,5

Abb. 4.2- 1: Beispiel für ein Aktien-Listing aus einer Tageszeitung

Die *erwartete Rendite* einer Aktie wird durch das Kurs-Gewinn-Verhältnis (KGV) beeinflußt.

KGV = Aktueller Kurs / Bilanzgewinn

Je niedriger das KGV ist, desto höher ist die Renditeerwartung.

Folgende Ausprägungen der Kriterien (01)-(08) sind für Aktien denkbar:

Bewertung Aktien

(01) Risiko: sehr niedrig, niedrig, <u>hoch</u>, sehr hoch. Die durchschnittliche Risikoprämie wird auf ca. 3% geschätzt.

(02) Rendite: sehr niedrig, niedrig, <u>hoch</u>, sehr hoch. Die Preisentwicklung von Aktien liegt im Durchschnitt um ca. 2% über der Inflationsrate.

(03) Liquidierbarkeit: <u>kurzfristig</u>, mittelfristig, langfristig.

(04) Besteuerung: niedrig, <u>mittel</u>, hoch. Dividenden müssen aktuell versteuert werden; Kursgewinne sind steuerfrei.

(05) Inflationsabhängigkeit: niedrig, <u>mittel</u>, hoch

(06) eigener Managementaufwand: niedrig, mittel, <u>hoch</u>; im Falle einer Market Timing Strategie; bei einer Buy-and-Hold Strategie aber eher niedrig.

(07) minimaler Investitionsbetrag: niedrig, <u>mittel</u>, hoch

(08) Kosten des Investments: niedrig, <u>mittel</u>, hoch
Die wichtigsten Kostenfaktoren sind Transaktionskosten und Depotgebühren.

Anleihen

Anleihen (Bonds) sind Schuldverschreibungen, die in den meisten Fällen mit fester Laufzeit und einem festen periodischen Zins ausgestattet sind. Anleihen

4 Maßnahmeplanung

gelten als risikoärmer als Aktien und auch als renditeschwächer. Auch die Rendite einer Anleihe besteht aus zwei Teilen: jährliche *Zinszahlungen* und (steuerfreie) *Wertsteigerungen*. Die Wertsteigerungen erzielt man, wenn die Anleihe vor Laufzeitende zu einem Kurs über dem Einstiegspreis verkauft werden kann. Ein Beispiel für ein Anleihen-Listing bezogen auf neu ausgegebene Euro-Anleihen findet sich in Abbildung 4.2-2.

NEUE EURO-ANLEIHEN

Valuta	Emittent	Währung	ISIN*)	Betrag Mio. Euro	Zins	Zinstermin	Laufzeit	Ausg. Kurs %	Ratings		Konsortialführer
27.05.	Banca Italease 3)	€	XS0220019813	750	D)+20	27.05.	3	99,883	A3		Lehman Brothers, BNP Paribas, Calyon
30.05.	Natexis Banques Populaires 3)	€	FR0010197947	1.000	D)	04.07.	2	99,896	Aa3	A+	DrKW, CSFB, Natexis Banques Populaires
30.05.	Sanofi-Aventis 3)	€	XS0220460553	1.000	D)+5	30.05.	2	99,940	A1	AA-	SG Corporate & Investment Banking
31.05.	BCP Finance Bank 14)	€	XS0220057581	300	D)+35	15.06	10	100,000	A2	BBB+	UBS, Deutsche Bank, Millenium BCP
01.06.	CAM Global Finance 3)	€	XS0219734166	1.500	D)+15	01.06.14)	5	100,000	A1		ABN Amro, J. P. Morgan
01.06.	Caja Madrid	€	ES0214950133	1.500	D)+12,53)	01.06.14)	7	99,836	Aa2	A+	HVB, Bank of America, Nomura Int.
01.06.	J. P. Morgan Chase 3) 14)	€	XS0220432263	500	D)+17,5	01.06.	5	99,785	Aa3	A+	J. P. Morgan
02.06.	Agfa Gevaert	€	XS0218652906	200	4,375	02.06.	10	101,956			Fortis, KBC, IFR Credit
03.06.	SNCF	€	FR0010199927	500	3,625	03.06.	15	98,979	Aaa	AAA	Barclays Bank, BNP Paribas
07.06.	Banca Agrileasing 3)	€	XS0220543762	250	D)+25	07.06.	7	99,805	A3	A-	ING, Banca IMI
07.06.	BBVA 1)	€	ES0413211097	3.000	2,750	07.06.	5	99,522	Aaa		ABN Amro, Barclays Capital, HSBC
07.06.	Deutsche Postbank	€	DE000A0D24Z1	300	7,0004)	07.06.	9)12)	100,000	A3	BBB+	Morgan Stanley, J.P.Morgan, ING
07.06.	Swedbank	€	XS0220852718	750	D)3)	08.12.14)	1,5	100,05	Aa3	A	Barclays Bank
08.06.	CIF Euromortgage	€	FR0010119992	1.250	2,375	08.06.	4	99,850	Aaa		Merrill Lynch, Deutsche Bank
08.06.	Unicredito Italiano	€	XS0220921117	500	D+253)	08.06.14)	1012)	9,857	Aa2	AA-	Bk. of America, SG CIB, Unicred. Bca. Mob.
08.06.	HSBC Finance	€	XS0220626555	1.000	3,375	08.06.	7	99,388	A1	A	HSBC
08.06.	ABN Amro 3)	€	XS0221082125	1.500	D)(+256)14)	08.06.	512)	99,762			ABN Amro
08.06.	Abbey National Treasury Serv.	€	XS0220989692	2.000	3,375	08.06.	10	99,093	Aaa	AAA	Barclays Cap., Citigroup, Deutsche Bank
09.06.	Bank of Cyprus Public Comp.	€	XS0221264079	300	D+303)	09.06.14)	3	99,853	Baa1	A-	Merrill Lynch, Deutsche Bank
10.06.	Berlin	€	DE000A0EKD81	500	2,250	04.07.	6	96,798	Aa3		HypoVereinsbank, DZ Bank
14.06.	DaimlerChrysler 3)	€	XS0221675456	750	D)+55	14.06.14)	2	99,961	A3	BBB	Soc. Generale, HypoVereinsbk., JPM
15.06.	SNS Reaal Group 3) 14)	€	XS0221493181	200	D)+50	15.06.	7	99,485	Baa1	BBB	Deutsche Bank
16.06.	Portugal Telecom Int. Finance	€	XS0218854200	500	4,500	16.06.	20	99,74	A3	A-	Citigroup
16.06.	St. George Bank 3) 14)	€	XS0221961468	750	D)+12,5	16.06.	5	99,88	A2	A	J.P. Morgan, UBS
17.06.	Cofidis 3)	€	FR0010202184	400	D)+15	17.06.	3	99,941		A	BNP Paribas, Ixis CIB

Abb. 4.2-2: Beispiel für ein Anleihen-Listing aus einer Tageszeitung

Folgende Ausprägungen der Kriterien (01)-(08) sind für Aktien denkbar:

Bewertung Anleihen

(01) Risiko: sehr niedrig, <u>niedrig</u>, hoch, sehr hoch.
(02) Rendite: sehr niedrig, <u>niedrig</u>, hoch, sehr hoch.

Die Rendite einer Anleihe kann direkt mit dem KGV einer Aktie verglichen werden. Beispielsweise entspricht eine Anleihenrendite von 4,1% einem KGV von ungefähr 24. Wenn die Anleihe bis zum Ende der Laufzeit gehalten wird, entspricht die Rendite weitgehend dem Nominalzins; wird sie vorher liquidiert, so muß noch das Ergebnis aus etwaigen Kursdifferenzen hinzugerechnet werden.

(03) Liquidierbarkeit: <u>kurzfristig</u>, mittelfristig, langfristig.
(04) Besteuerung: niedrig, mittel, <u>hoch.</u>

Zinsen müssen versteuert werden; Kursgewinne sind steuerfrei.

(05) Inflationsabhängigkeit: niedrig, mittel, <u>hoch</u>
(06) eigener Managementaufwand: <u>niedrig</u>, mittel, hoch
(07) minimaler Investitionsbetrag: <u>niedrig</u>, mittel, hoch
(08) Kosten des Investments: <u>niedrig</u>, mittel, hoch (Transaktionskosten, Depotgebühren)

Ein Spezialfall von Anleihen sind *inflationsgeschützte Anleihen*. Dies sind Schuldverschreibungen, bei denen der Emittent eine *reale* Rendite garantiert.

4 Maßnahmeplanung

Anders als bei gewöhnlichen Anleihen richtet sich somit die Höhe des Zinses und der Rückzahlung nach der Entwicklung eines *Preisniveauindex* wie beispielsweise den Verbraucherpreisindex im Euro-Raum. Steigt der Basisindex so wird der Nennwert der Anleihe im gleichen Maße erhöht. Der Koupon wird bei allen folgenden Zahlungen auf den erhöhten Nennwert bezogen. Emittenten von inflationsgeschützten Anleihen sind fast ausschließlich Staaten oder Unternehmen mit Staatsgarantie.

Ein anderer Spezialfall sind *Hybridanleihen*. Sie sind häufig mit einem festen Koupon im ersten Jahr und variabler Verzinsung in den Folgejahren ausgestattet. Die variable Verzinsung ist an den Zinssatz gekoppelt, den sich Banken untereinander für langfristige Leihgeschäfte berechnen; er ist nach oben begrenzt. Zinszahlungen entfallen, wenn der Emittent der Anleihe einen Verlust in der Bilanz ausweist.

Hybrid-Anleihen

Wandelanleihen (Convertible Securities) sind festverzinsliche Wertpapiere, die in einem gegebenen Verhältnis unter möglicher Zuzahlung in neu zu emittierende Aktien umgetauscht werden können.

Wandelanleihen

Genußscheine sind Wertpapiere, die eine gewinnabhängige laufende Verzinsung haben. Anders als bei

Genußscheine

Anleihen werden beim Kauf und Verkauf von Genußscheinen Stückzinsen nicht extra abgerechnet. Die laufenden Zinserträge resultieren in einem steigenden Kurs des Scheins. Der Rückzahlungsanspruch kann um mögliche Verlustzurechnungen vermindert werden. Genußscheine sind nachrangige Gläubigerpapiere.

Fonds   *Fonds* (Mutual Funds) sind Sondervermögen, das von einer Fondgesellschaft verwaltet wird. Jeder Fond ist in einem zugehörigen Verkaufsprospekt spezifiziert. Fonds können beliebig konfiguriert und diversifiziert werden, d.h. zu jeder Anlagestrategie läßt sich der passende Investmentfond finden bzw. konfigurieren. So gibt es offene und geschlossene Fonds, Rentenfonds, Aktienfonds, Immobilienfonds, Mischfonds und viele mehr.

Wichtige Informationen, die im Verkaufsprospekt eines Fonds enthalten sein müssen, sind:

- Aktuelles Datum des Prospekts,
- Minimaler Anlagebetrag,
- Anlageregeln,
- Erzielte Ergebnisse in der Vergangenheit (Performance),
- Gebühren und Kosten,
- Risiken.

4 Maßnahmeplanung

Das Fondmanagement muß sich an gesetzliche Auflagen halten. Von besonderer Bedeutung ist die Frequenz der Umschichtungen im Fond. Je mehr Umschichtungen in einem Fond vorgesehen sind, desto höher werden auch die Transaktions- und Managementkosten sein.

Ein Spezialfall von Fonds sind *Indexfonds* (Exchange Traded Funds (ETF)), die die Wertentwicklung eines Index nachbilden. Beispielsweise gibt es eine große Anzahl von Fonds, die den Standard-&-Poor's-500-Index (S&P-500) nachbilden. Die Zusammensetzung eines Index kann sich im Zeitverlauf ändern und wird vom 'Index-Sponsor', wie beispielsweise Standard-&-Poor's, festgelegt. Rendite und Risiko von Indexfonds lassen sich direkt aus der Entwicklung des Index ableiten. Damit bieten sie maximale Transparenz. Transaktionen fallen nur an, wenn sich die Zusammensetzung des Index ändert. Auch Marktanalysen entfallen. Daraus folgt ein deutlicher Preisvorteil von Indexfonds gegenüber aktiv verwalteten Fonds. Für den Anleger sind die folgenden Informationen zu Fonds wichtig.

Indexfonds

Transaktionskosten: kein Ausgabeaufschlag; übliche Transaktionskosten bei Kauf und Verkauf

Verwaltungskosten: jährliche Verwaltungsgebühr, meistens 0,5%

Managementgebühr: keine

Haftung: kein Emittentenrisiko, da Sondervermögen

Emittenten: Indexchange, Barclays Global Investors (I-Shares), Indexchange, DWS, etc.

Hedge Fonds

Ein weiterer Spezialfall von Fonds sind *Hedge Fonds*. Diese Fonds unterscheiden sich in ihren Anlagestrategien, wobei auch der Einsatz von Fremdkapital und Leerverkäufe Berücksichtigung finden. Gesucht sind Renditemöglichkeiten, die weitgehend *unabhängig* von der Entwicklung an den Märkten ist. Das erforderliche Wissen, um mit Hedge Fonds erfolgreich zu sein, ist weitaus größer als bei traditionellen Anlagen. Als singuläres Investment erzielen sie häufig kein besseres Risiko–Rendite–Ergebnis als andere Alternativen; mischt man sie mit Indizes, beispielsweise den S&P 500, so sind die Mischungen effizient. Die besten Ergebnisse wurden von Beimischungen in Höhe von 10%-20% des Portfoliowertes erzielt [vgl. AK03]. Als besonders ge-

4 Maßnahmeplanung

eignet gelten Beimischungen mit einer geringen Korrelation zum Basisportfolio.

Beispiel 4.2.1

Daisy hat gehört, daß man bei Leerverkäufen von fallenden Kursen profitieren kann. Sie möchte einen Anlagebetrag von 100 Talern investieren. 110 Taler steckt sie in unterbewertete DD-Aktien und für 40 Taler verkauft sie überbewertete CC-Aktien leer. Somit hat sie 70 Taler angelegt; die restlichen 30 Taler hält sie als Barreserve. Steigen nun die DD-Aktien um 10% und sinken die CC-Aktien um 5%, macht sie auf die 100 eingesetzten Taler 13% Gewinn, d.h. ihr Vermögen beträgt dann 113 Taler. Sie erzielt also eine Rendite, die mit keiner der beiden Aktien alleine möglich gewesen wäre. Gleiches gilt für das Risiko, das sie eingeht. Sinkt die DD-Aktie um 10% und steigt die CC-Aktie um 5%, beträgt ihr Vermögen nur noch 87 Taler, d.h. sie erleidet einen Verlust von 13%, also mehr als bei jeder der Aktien alleine.

	Startwert	Kursänderung	Endwert	Kursänderung	Endwert
DD-Aktie	110	+10%	121	-10%	99
CC-Aktie	-40	-5%	-38	+5%	-42
Kasse	30		30		30
Summe	100		113		87

Derivate

Derivate sind abgeleitete Anlageinstrumente, die konstruktive Möglichkeiten eröffnen, unterschiedlichen Ertrags-Risko-Profilen zu genügen. Durch sie investiert man *indirekt* in einen frei wählbaren Basiswert, beispielsweise eine Aktie, ohne daß der Basiswert am Markt gekauft wird. Abgeleitet von diesem Basiswert, wird ein Preis zwischen Käufer und Verkäufer vereinbart, der für eine Transaktion zu einem Zeitpunkt in der Zukunft gilt. Die Produktpalette für Derivate ist sehr umfangreich. Die gängigsten Produkte sind Basisderivate (Optionen, Futures), Zertifikate und Hebelprodukte. Während Zertifikate auch für konservativ orientierte Anleger geeignet sind, werden Basisderivate und Hebelprodukte von spekulativen Anlegern bevorzugt. Mit Zertifikaten kann man sich an der Wertentwicklung von Aktien, Indizes, Rohstoffen, Währungen oder Zinsen beteiligen. Zertifikate und Hebelpapiere sind Schuldverschreibungen und tragen somit ein Emittentenrisiko. Bevor man in Derivate investiert, sollte man sicher sein, daß man sie braucht und nicht nur das Gefühl zu haben, etwas zu verpassen, wenn man sie nicht hat.

Optionen Futures

Optionen und Futures sind Wetten auf die Zukunft. Der Käufer einer Option erwirbt das *Recht* gegen eine Gebühr (Prämie, Optionspreis) ein Objekt mit einem definierten Wert (Underlying, Basispreis) *an* (europäisch) oder *bis* (amerikanisch) zu einem *vereinbarten Zeitpunkt* zu einem bei Vertragsabschluß *festgelegten Preis* (Ausübungspreis) zu *kaufen* (Call) oder zu *verkaufen* (Put). Während *Puts* häufig zur Absicherung gegen fallende Kurse eingesetzt werden, benutzt man *Calls* zur Absicherung gegen steigende Kurse. Der Käufer eines Futures erwirbt die *Verpflichtung,* ein Objekt mit einem definierten Preis zu einem festgelegten Zeitpunkt zu kaufen. Für eine Option oder ein Future gibt es immer genau einen Käufer und genau einen Verkäufer. Der Gewinn des einen ist immer der Verlust des anderen.

Beispiel 4.2.2

Daisy hält 100 DD-Aktien in ihrem Depot. Am 15. März notiert die Aktie bei 19,20 Taler. Daisy befürchtet, daß der Kurs weiter fallen würde. Aus bestimmten Gründen will sie die Aktien aber nicht verkaufen. Deshalb entschließt sie sich zum Kauf einer Verkaufsoption (Put) mit einer Laufzeit von drei Monaten und einem Basispreis von 19,00 Taler, d.h. Daisy erwirbt das Recht, die DD-Aktie drei Monate später zum Kurs von 19,00 Taler an den Vertragspartner zu verkaufen. Jeder Put kostet 1,70 Taler. Für die 100 DD-Aktien im Wert von 1.920 Taler bezahlt Daisy eine Versicherungsprämie von 170 Talern. Tatsächlich sinkt die DD-Aktie bis Mitte Juni auf 15,20 Taler. Der Wert des Optionsscheins steigt gleichzeitig auf 3,80 Taler. Daisy weiß, daß die Verkaufsoption umso teurer wird, je tiefer der Kurs der DD-Aktie unter den Basispreis der Option fällt. Das Ergebnis ist, daß die DD-Aktie fast vier Taler an Wert verloren hat, der Wert des Optionsscheins aber um 2,10 Taler steigt. Verkauft Daisy den Put, macht sie einen Gewinn, den sie allerdings versteuern muß. Übt sie jedoch die Verkaufsoption aus und verkauft ihre DD-Aktien zum Preis von 19,00 Taler umgeht sie die Spekulationssteuer und kann die Aktie bei Bedarf nun billiger nachkaufen.

Daisy hätte ihr Depot auch auf eine zweite Art sichern können. Würde sie sich doch zum Verkauf der 100 DD-Aktien im März entschließen, so könnte sie im Gegenzug Kaufoptionen (Calls) auf die 100 Aktien mit einem Basispreis von 19,20 Euro bei dreimonatiger Laufzeit erwerben. Steigt die Aktie über 19,20 Taler, kann sie die Option ausüben: sie hat das Recht, die Aktie drei Monate später unter dem dann geltenden Kurs zu kaufen. Oder Daisy veräußert den Call vor Ende der Laufzeit mit einem entsprechenden Gewinn. Fällt die Aktie unter 19,20 Taler, kann es ihr egal sein, denn sie hat die 19,20 Taler schon kassiert und kann, bei Bedarf, den Titel wieder billiger einkaufen. Mehr als die Optionsprämie kann Daisy nicht verlieren.

4 Maßnahmeplanung

Der Käufer einer Option ist in einer *Long-Position* und *kann* das Optionsrecht ausüben (Long Call oder Long Put), der Verkäufer der Option ist in einer *Short-Position* und *muß* stillhalten (Short Call oder Short Put), d.h. die Konsequenzen der Ausübung des Rechts tragen. Für das Stillhalten wird die Optionsprämie gezahlt. Wird beispielsweise eine Kaufoption (Call) ausgeübt, so muß die Short-Position (Verkäufer, Stillhalter) bei Ausübung der Option der Long Position (Käufer) die versprochenen Wertpapiere liefern. Bei einer Verkaufsoption (Put) muß der Verkäufer darauf vorbereitet sein, Geld für den Wertpapierkauf bereitzuhalten. Normalerweise wetten Anleger mit Calls auf steigende Kurse und mit Puts auf fallende. Puts sind attraktiv für risikoaverse Anleger und Calls für risikofreudige.

Long Short

Der Käufer einer Option hat ein begrenztes Verlustrisiko in Höhe der bezahlten Gebühr und unbegrenzte Gewinnmöglichkeiten aus der Ausübung des Optionsrechts. Für den Verkäufer ist es umgekehrt. Er hat ein unbegrenztes Verlustrisiko und einen maximal möglichen Gewinn in Höhe der empfangenen Gebühr.

Risiko

Der Preis von Optionsscheinen hängt von der Laufzeit, der Aktienkursentwicklung, den Dividenden und besonders von der Schwankungsbreite des Kurses

Wert Preis

des Basispapieres ab. So geht die Prämie beispielsweise dann verloren, wenn sich der Kurs des Basispapiers während der Laufzeit kaum oder gar nicht bewegt. Ist das Basispapier der Option eine Aktie, so spricht man von einer Aktienoption. Der Wert einer europäischen Aktienoption am Verfallstag ergibt sich im Falle eines Calls zu

$$Wert(Call) = max\ \{Aktienkurs - Ausübungspreis;\ 0\}$$

und im Falle eines Puts zu

$$Wert(Put) = max\ \{Ausübungspreis - Aktienkurs;\ 0\}.$$

Index-Zertifikat *Index-Zertifikate* (Partizipationsscheine) sind eine Alternative zu den Indexfonds. Der Anleger gewährt dem Emittenten einen Kredit, mit dem dieser auf einen oder mehrere Indizes setzt. Auch hier ist die Wertentwicklung transparent. Dabei ist der Preis des Zertifikats proportional zu dem jeweiligen Indexstand. Index-Zertifikate können begrenzte oder unbegrenzte Laufzeit haben. Am Rückzahlungstag berechnet der Emittent auf Grundlage des Index den Wert des Zertifikats und zahlt diesen an den Gläubiger zurück. Die Vorteile dieses Investments liegen in der hohen Transparenz, geringen Kosten, engen Geld-Brief (Kauf-Verkauf) Spannen und börsentäglicher Handelbarkeit. Der Käufer des Index-

Zertifikats unterliegt dem Bonitätsrisiko des Emittenten. Aus steuerlicher Sicht gilt der Wertzuwachs von Index-Zertifikaten derzeit als Kursgewinn. Damit ist er nach zwölf Monaten steuerfrei.

Discount-Zertifikate eignen sich für seitwärts tendierende Märkte und räumen dem Käufer bzw. Anleger einen Abschlag (Discount) auf den aktuellen Kurs eines Basiswertes, beispielsweise einer Aktie oder eines Aktienindex, ein. Der Anleger erwirbt einen Anspruch entweder auf *Zahlung* eines in den Emissionsbedingungen festgelegten Geldbetrages oder auf *Lieferung* des Basiswertes. Liegt der Kurs des Basiswertes *unter* dem festgesetzten Höchstbetrag (Cap), erfolgt die Rückzahlung des Discount-Zertifikats durch Lieferung des Basiswertes. Notiert der Basiswert zur Fälligkeit des Discount-Zertifikats *auf oder über* dem Höchstbetrag, erfolgt die Rückzahlung in bar zum Höchstbetrag; in diesem Fall erzielt der Anleger den maximalen Ertrag.

Discount-Zertifikat

Bei einem klassischen Discount-Zertifikat ist der Käufer *rechtlich* Inhaber einer Schuldverschreibung, die an der Wertentwicklung des Basiswertes partizipiert. *Wirtschaftlich* erwirbt der Anleger jedoch den Basiswert und verkauft gleichzeitig eine Call-Option (Short Call) auf ihn. Der Abschlag des Discount-Zertifikats im Vergleich zum aktuellen Kurs des Basiswerts richtet sich daher nach der durch den Emittenten errechneten Optionsprämie für die Call-Option.

Im Vergleich zum unmittelbaren Erwerb der dem Discount-Zertifikat zugrunde liegenden Basiswertes steht sich der Anleger bei rückläufigen Kursen insofern besser, als er den bei Rückzahlung des Discount-Zertifikats gelieferten Basiswert zu einem niedrigeren Preis erworben hat. Bei steigenden Kursen der dem Discount-Zertifikat zugrunde liegenden Aktien ist jedoch die Partizipation des Anlegers nach oben begrenzt. Aus steuerlicher Sicht sind Wertsteigerungen steuerfrei, sofern die Spekulationsfrist eingehalten wird.

Beispiel 4.2.3

Daisy hat am 1. Juni ein Discount-Zertifikat zu einem Kurs von 50,00 Taler erworben. Fälligkeitszeitpunkt des Discounters ist der 30. März des nächsten Jahres. Basiswert des Discount-Zertifikats ist eine DD-Aktie. Das Geschäft sieht vor, daß am Fälligkeitstag die Rückzahlung des Discount-Zertifikats in Form einer DD-Aktie erfolgt, wenn der Aktienkurs am 30. März *weniger* als 60,00 Taler beträgt; andernfalls wird das Discount-Zertifikat zu 60,00 Taler zurückgezahlt. Bei Kauf des Discount-Zertifikats betrug der Kurs der DD-Aktie 54,00 Taler und der niedrigste an der Entenhausener Börse gehandelte Kurs am Fälligkeitszeitpunkt lag bei 59,00 Taler. Also erfolgt die Rückzahlung des Discount-Zertifikats in Form der Lieferung einer DD-Aktie, so daß Daisy einen Gewinn in Höhe von 9,00 Talern erzielt.

Bonus-Zertifikate sind für Anleger gedacht, die seitwärts tendierende bis moderat steigende Kurse erwarten. Der Anleger erhält einen Bonus bei Fälligkeit des Papiers, falls sich der Basiswert während der Laufzeit in einer festgelegten Spanne bewegt hat. Wird während der Laufzeit aber die untere Grenze der Spanne berührt oder unterschritten, sind Schutz und Bonus verloren. Die Gewinnmöglichkeiten sind unbegrenzt, der Sicherheitspuffer ist geringer als bei den Discount-Zertifikaten.

Bonus-Zertifikat

Daisy überlegt, ob sie ein Bonus-Zertifikat auf DD-Aktien erwerben sollte. Es bietet bei Fälligkeit einen Bonus von 35%, wenn der Kurs der DD-Aktie über die Laufzeit von drei Jahren um weniger als 21% fällt. Steigt die DD-Aktie um mehr als 35%, erhält Daisy einen entsprechend höheren Rückzahlungswert. Fällt die DD-Aktie um 21% oder mehr, kommt die Wertentwicklung der Aktie bis zur Fälligkeit zur Auszahlung.

Beispiel 4.2.4

Garantie-Zertifikate helfen Anlegern, Verluste bei sinkenden Märkten weitgehend zu vermeiden und

Garantie-Zertifikat

dabei aber auch von steigenden Märkten zu profitieren. Die Rückzahlung des eingesetzten Kapitals wird zum Laufzeitende garantiert. Garantie-Zertifikate bestehen aus einer Garantie- und einer Performancekomponente. Die Garantiekomponente begrenzt den Verlust während der Laufzeit und schließt ihn zur Fälligkeit aus. Die Performancekomponente ermöglicht Chancen auf eine positive Rendite bei steigenden Märkten, die jedoch nicht in voller Höhe die Aufwärtsbewegung des Marktes aufnimmt. Wie sich diese entwickelt, hängt von der Entwicklung des Basiswertes und den Bedingungen des Zertifikats ab. Kursgewinne von Garantie-Zertifikaten unterliegen der Steuer.

Aktien-
anleihen

Aktienanleihen sind den Discount-Zertifikaten ähnlich und eignen sich ebenfalls für seitwärts tendierende Märkte. Es handelt sich nicht um festverzinsliche Wertpapiere. Die Aktienanleihe ist mit einem Koupon ausgestattet. Die Rückzahlung ist abhängig vom Kurs der zugrunde liegenden Aktie. Der Emittent entscheidet zu Laufzeitende, ob er die Anleihe zum Nennwert zurückzahlt oder eine bestimmte Anzahl von Aktien liefert. Die Möglichkeit der Lieferung von Aktien wird durch den Verkauf einer Verkaufsoption (Put) durch den Käufer an den Emittenten der Aktienanleihe möglich gemacht. Der Verkäufer der Verkaufsoption (Käufer der Aktienanleihe) ist in einer Short Position und muß stillhalten; dafür erhält er eine Prämie vom Emittenten der Aktienanleihe in Höhe des Koupons. Kursgewinne unterliegen im Gegensatz zu den Discount-Zertifikaten der Steuer, da Aktienanleihen als Finanzinnovationen eingestuft werden.

Turbo-Zertifikate (Knock-Out-Papiere) sind noch spekulativer als Optionsscheine, da sie, falls der Kurs des Basiswertes bestimmte Grenzen über- oder unterschreitet, noch vor Laufzeitende endfällig werden und oftmals nahezu wertlos verfallen. Sie sind von Volatilitäten in der Regel unabhängig. Der Hebel ist hier noch größer als bei Optionsscheinen.

Turbo-Zertifikat

Private Equity beschreibt Investments in überwiegend nicht börsennotierte Unternehmen, wobei vom Kapitalgeber auch häufig Managementunterstützung für das Unternehmen geleistet wird. Die Rendite ergibt sich aus dem erwarteten Erfolg des Unternehmens. Die Dauer des Engagements ist mittel- bis langfristig und kann bei über zehn Jahren liegen. Aufgrund der fehlenden Börsennotiz und damit auch fehlender Publikationspflichten des empfangenden Unternehmens ist ein solches Investment eher nicht transparent für den Investor.

Private Equity

Versicherung *Versicherungen* sind für konservative und langfristig orientierte Anleger gedacht. So sind beispielsweise *Kapitaldirektversicherungen* für berufstätige Anleger geeignet. Der Arbeitnehmer verzichtet auf einen Teil seines Bruttogehalts und finanziert damit die Beiträge des Arbeitgebers an die Versicherung sowie die pauschale Lohnsteuer zuzüglich Kirchensteuer und Solidaritätszuschlag. Die Versicherungsleistungen erfolgen entweder als Einmalauszahlung (Kapitalversicherung) oder lebenslang in monatlichen Raten (Rentenversicherung) an den Arbeitnehmer.

4.2.2 Besondere Analyse von Anlageobjekten

Hat man die allgemeine Analyse durchgeführt, so ist der nächste Schritt, spezifische Informationen über die erwartete zukünftige *Wertentwicklung* des Investments, d.h. die Rendite und das damit verbundenen Risiko einzuholen. Damit einher geht häufig die Prognose von Inflationsrate und Wechselkursen. Einen guten Überblick zu den Instrumenten der besonderen Analyse findet man in [SB00].

Rendite Grundlegende Einflußfaktoren, die kurz- bis mittelfristig (bis zu 10 Jahren) auf die zu erzielende Rendi-

4 Maßnahmeplanung 207

te eines Investments wirken, sind Wirtschaftswachstum, Branchentrends und soziopolitische Entwicklungen. Langfristige Trends (10-20 Jahre) sind demographische Entwicklungen, wie beispielsweise Bevölkerungswachstum und Bevölkerungsalterung sowie Fragen von Ressourcenangebot und -nachfrage.

Beispielsweise führt Bevölkerungswachstum zu erhöhter Konsumgüternachfrage mit Chancen für die Konsumgüterindustrie. Überalterung bedeutet, daß staatliche Sozialsysteme durch private Vorsorge unterstützt werden müssen. Davon könnten Finanzdienstleister profitieren. Bevölkerungswachstum und Alterung führen zu einer erhöhten Nachfrage nach medizinischer Versorgung. Knappheit natürlicher Ressourcen, insbesondere Wasser und Energie, eröffnet Chancen für die entsprechenden Versorgungsunternehmen. Von der OECD werden regelmäßig Prognosen über die Entwicklung von Bruttoinlandsprodukt, Inflationsrate und Arbeitslosenquote in verschiedenen Staaten und Regionen der Welt abgegeben.

In der Presse liest man häufig Statistiken über den Zusammenhang zwischen Anlagedauer und erwarteten Renditen wie beispielsweise in Tabelle 4.2-1 dargestellt

Anlagedauer	Rendite
≤ 5 Jahre:	2,5%-3% (Anleihen, Geldmarktfonds)
6-10 Jahre:	6% (Fonds mit 50%-tigen Aktienanteil) Aktien erzielen in diesem Zeitraum in 69% aller Fälle eine bessere Wertentwicklung als Anleihen
11-14 Jahre:	9% (weltweit investierende Aktienfonds)
≥ 15 Jahren:	12% (weltweit investierende Aktienfonds) Aktien erzielen in diesem Zeitraum in 74% aller Fälle eine bessere Wertentwicklung als Anleihen

Tabelle 4.2-1: Anlagedauer und erwartete Rendite

und zwischen Vorsteuer- und Nachsteuerrendite (Steuersatz 50%) wie beispielsweise in Tabelle 4.2-2 dargestellt. Die Werte beziehen sich auf den Zeitraum 1984-2004.

	Rendite vor Steuern	Rendite nach Steuer
DAX	9,2 %	8,1 %
Deutscher Aktienfond	5,9 %	
Anleihen	7,8 %	3,8 %
Immobilien	5,8 %	4,1 %
Offener Immobilienfond	4,8 %	

Tabelle 4.2-2: Vorsteuer- und Nachsteuerrendite

Ab einem Steuersatz von 30% überholen Immobilien Anleihen bezogen auf die Rendite nach Steuer.

Wenn auch diese Zahlen mit Vorsicht interpretiert werden müssen, so geben sie die Tendenz wieder, daß nur bei Anlagen mit längerer Laufzeit bzw. größerem Risiko zufriedenstellende Renditen erzielt werden können. In [EG95, 20] findet sich die in Tabelle 4.2-3 dargestellte Aufstellung von Rendite und Risiko (repräsentiert durch die Standardabweichung) für verschiedene Arten von Wertpapieren unter Berücksichtigung der Inflationsrate bezogen auf den Zeitraum 1926-1992.

	Durchschnittliche Rendite	Standardabweichung
Inflationsrate	3,2%	4,6
Staatsanleihen < 10 Jahre	3,7%	3,3
Staatsanleihen ≥ 10 Jahre	5,4%	8,7
Unternehmensanleihen	5,9%	8,4
"Große" Aktien	12,3%	20,5
"Kleine" Aktien	17,6	34,8

Tabelle 4.2-3: Rendite und Risiko

Die Rendite eines Anlageobjekts wird häufig nicht durch numerische Werte, sondern auf der Basis von sogenannten Ratings prognostiziert. So läßt sich beispielsweise bei der Renditeentwicklung

- negativ (-2),
- schwach negativ (-1),
- neutral (0),
- schwach positiv (+1) und
- positiv (+2)

unterscheiden.

Risiko Eine Regel besagt, je höher die Renditeerwartung desto höher auch das Risiko. Das *Investmentrisiko* besteht aus verschiedenen Komponenten. Die wichtigsten sind das Schuldner- und das Marktrisiko.

(1) *Schuldnerrisiko*
ist das Risiko, das sich auf die Reputation des Empfängers der finanziellen Mittel bezieht. Dazu gehört auch die Verläßlichkeit, seinen Zahlungsverpflichtungen nachzukommen.

(2) *Marktrisiko*
ist das Risiko, das die Beurteilung des Wertes des Investments durch den Markt repräsentiert. Eng mit dem Marktrisiko verbunden sind Inflations-, Zins- und Währungsrisiken.

Rating Bei der Einschätzung des *Schuldnerrisikos* helfen die Ratings bekannter Agenturen wie Moody, Standard & Poor oder Fitch. Das Risiko wird im Rahmen der In-

4 Maßnahmeplanung

vestmentanalyse über die Bonität des Schuldners abgebildet. Bonität ist die Fähigkeit eines Schuldners seinen Zins- und Tilgungsverpflichtungen nachzukommen. Beispielsweise erfolgt die Bewertung bei Moody's in der Spanne 'Aaa' für die beste Bonität bis 'C' für Junk Bonds schlechtester Bonität. Bei Standard & Poor's (www.standardandpoors.com) entspricht dies der Spanne 'AAA' bis 'C' (vgl. Tabelle 4.2-4). Die Aussagen des Rating basieren auf Konvidenzintervallen mit vorgegebenen Wahrscheinlichkeiten.

Moody's	Aussage	S&P/Fitch
Aaa	Höchste Qualität, geringstes Anlagerisiko	AAA
Aa	In jeder Hinsicht hohe Qualität	AA
A	Gehobene mittlere Qualität	A
Baa	Mittlere Qualität mit spekulativen Elementen	BBB
Ba	Spekulativ, keine gut gesicherten Aussichten	BB
B	Geringe Sicherheit des Kapitaldienstes	B
Caa	Kapitaldienst ist gefährdet	CCC
Ca	Hochspekulativ, häufig notleidend	CC
C	Geringste Qualität, höchstes Anlagerisiko	C

Tabelle 4.2-4: Klassifikation von Ratingstufen

Die einzelnen Wertungen können noch durch 1,2,3 (Moody's) oder +,- (S&P/Fitch) weiter unterschieden werden. Bei Ba bzw. BB beginnen die Junk Bonds bzw. das Ramschniveau.

Aus Sicht der Schuldner ist das Rating für die Kosten der Beschaffung finanzieller Mittel von Bedeutung. Entspricht beispielsweise eine Abstufung von AAA auf AA für ein Unternehmen eine Erhöhung der Zinskosten von 18 Basispunkten (0,18%), so ergibt sich bei einem Emissionsvolumen von einer Milliarde GE eine Erhöhung der Kosten von 1,8 Millionen GE.

Verfahren Die Bonitätsprüfung erfolgt mit Hilfe qualitativer und quantitativer Analyse. Neben der quantitativen (Bilanz-) Analyse auf Basis von Kennzahlen - beispielsweise mit Hilfe künstlicher *neuronaler Netze* [SB00, 180ff] - werden *Scoringverfahren* eingesetzt. Darüber hinaus werden für jedes Unternehmen die Fähigkeiten des Managements, die Perspektiven der Produkte und des Produktmarktes sowie das Rechnungswesen und das Controlling analysiert.

Diversifikation Während das Schuldnerrisiko durch eine entsprechende Diversifikation der Investments weitgehend ausgeschaltet werden kann, ist das Eingehen von Marktrisiken unvermeidlich. Zur Einschätzung des *Währungsrisikos* im Sinne von Über- oder Unterbewertung dienen beispielsweise Kaufkraftindizes. Ein solcher Index ist der *Big Mac Index* der Zeitschrift Economist. Nach der Kaufkraft-Paritäten-Theorie müßten identische und handelbare Güter überall ungefähr das Gleiche kosten. Andernfalls würden diese Güter aus den 'billigen' Ländern in die 'teuren' Länder exportiert. Zwar ist der Big Mac für den grenzüberschreitenden Handel nicht sonderlich geeignet, jedoch dient er zur langfristigen Prognose der Wechselkursentwicklung. Um die Bewertung einer beliebigen Währung gegenüber dem US Dollar zu interpretieren, wird der Big Mac Preis in lokaler Währung mit seinem Durchschnittspreis in den USA verglichen. Ist der lokale Preis in US Dollar höher (niedriger) als der Preis in den USA, gilt die lokale Währung als überbewertet (unterbewertet).

Für einen privaten Anleger lohnt es sich normalerweise nicht, in eigener Initiative eine systematische besondere Analyse von Anlageobjekten durchzuführen. Er greift dann auf Ergebnisse kommerzieller Anbieter (sogenannter Finanzanalysten) zurück, die die besondere Analyse von Investitionsalternativen zu ihrem Geschäft gemacht haben. Finanzanalysten nehmen auf der Grundlage verfügbarer Informationen eine Beurteilung von Märkten und Anlageobjekten vor. Sie geben jedoch keine Empfehlungen zur Anlagepolitik, denn sie kennen weder Anlageziele noch Portfoliostruktur noch den Risikotyp des Anlegers. Häufig erfolgt eine Zusammenfassung von erwarteter Rendite und Risiko durch

Analysten

Empfehlungen wie "kaufen", "halten" oder "verkaufen".

Zur *Prognose* verarbeitet die Investmentanalyse Finanzdaten jeglicher Art, wie beispielsweise Informationen über

- die Weltwirtschaft,
- nationale Volkswirtschaften,
- Branchen,
- einzelne Unternehmen,
- Konditionen von Anlageprodukten,
- Währungen,
- Zinsen,
- Inflationsraten,
- Marktindizes,
- Kurse und Umsätze von Börsenpapieren.

Dabei fließen auch Informationen über die soziopolitsche Entwicklungen sowie über Stimmungen und Gerüchte ein.

Prognosen   Häufig bestehen die qualitativen und die quantitativen Prognosen aus zwei Teilen [Ger95, 90ff], einer volkswirtschaftlichen Analyse und einer Marktanalyse:

4 Maßnahmeplanung

Volkswirtschaftliche Analyse
Prognosen der *gesamtwirtschaftlichen Entwicklung*, beispielsweise für Bruttosozialprodukt, Arbeitslosenquote, Inflationsrate, Geldmenge, etc. und Abschätzung der Marktreaktionen auf diese Parameter. Die Abschätzungen werden häufig in Regeln gekleidet, wie z.b. "wenn die Staatsverschuldung zunimmt, ist mit steigenden Zinsen zu rechnen, die dann den Wechselkurs steigen lassen, was einen negativen Einfluß auf die Exporte haben könnte".

Marktanalyse
Prognosen für *Teilmärkte* wie Aktien, Immobilien, Renten, Derivate, Währungen, Zinsen etc. Dabei kommen als grundlegende Methoden die Fundamentalanalyse und die Technische Analyse zur Prognose von Kurs- bzw. Preisentwicklungen zum Einsatz.

Die *Fundamentalanalyse* versucht durch Analyse wirtschaftlicher Zusammenhänge den zukünftigen Wert einer Anlage zu ermitteln. Dabei geht man davon aus, daß der Preis von marktwirtschaftlichen Faktoren bestimmt wird und der Börsenkurs um den fairen Wert der Anlage schwankt. Die Fundamentalanalyse benutzt Ergebnisse der volkswirtschaftlichen Analyse und besteht aus

- Branchenanalyse und
- individueller Unternehmensanalyse.

Zur Durchführung der Fundamentalanalyse werden verschiedene Modelle und Methoden eingesetzt:

(1) *Ökonometrische Modelle*
bilden relevante Beziehungen volkswirtschaftlicher Variablen ab; die funktionalen Beziehungen zwischen den Variablen werden mit Hilfe historischer Daten geschätzt. Das Resultat ist ein mathematisches Modell, das Prognosen für *endogene* Variablen (volkswirtschaftliche Variable) auf Basis *exogener* Variablen (Annahmen) liefert, beispielsweise $f(x) = a + b_1*x_1, ..., b_n*x_n$.

(2) *Modelle der Bilanzanalyse*
ermitteln Bilanzkennzahlen (Gesamtkapitalrendite, Umsatzrendite, Eigenfinanzierungsgrad, Liquidität, etc.) aus vergangenen Rechnungsabschlüssen und vergleichen diese mit Richtwerten bzw. Benchmarks.

(3) *Kapitalflußrechnungen*
geben Auskunft über Herkunft und Verwendung der während der Abrechnungsperiode bewegten Mittel.

(4) *Gewinnschätzungen*
können durch qualitative Urteilsbildung oder durch Prognoserechnungen basierend auf Marktvolumen und Marktanteilen erfolgen.

(5) *Kursprognosen*
mit Hilfe des Kurs-Gewinn-Verhältnisses (KGV); liegt das KGV einer Aktie über (unter) einem bezogen auf das Marktsegment angemessenen KGV gilt die Aktie als überbewertet (unterbewertet).

(6) *Dividend-Discount-Modelle*
bestimmen den Kapitalwert der Aktienanlage als Summe der diskontierten zukünftigen Dividendenzahlungen.

(7) *Faktormodelle*
versuchen Einflußfaktoren (Dividendenrendite, Unternehmensgröße, Branchenzugehörigkeit, etc.) für die Aktienrendite zu identifizieren und sie in einer zu schätzenden Funktion zusammenzufassen [SA90].

In [SB00] werden verschiedene Bewertungsverfahren für Anleihen, Aktien und Optionen unter Berücksichtigung fundamentaler Daten vorgestellt.

Technische Analyse

Die *Technische Analyse* versucht durch Anlayse von Zeitreihen von Kursen und Umsätzen eine Prognose abzugeben. Dabei geht sie davon aus, daß Börsenkurse *Mustern* folgen, die sich im Zeitverlauf wiederholen, d.h. daß die zukünftige Entwicklung von Preisen aus Vergangenheitswerten ableitbar ist. Gebräuchliche Basisverfahren sind Gleitende Durchschnitte, Widerstandslinien und Momentumkurven (vgl. [SB00, 248ff]).

Elliot-Wellen

Auch Elliott-Wellen und der sogenannte Goldene Schnitt werden zur technischen Analyse herangezogen. Der Buchhalter Elliott (1871 - 1948) vermutete, daß die Kurse bei einem *Aufschwung* fünf Wellenbewegungen folgen: Wellen 1, 3 und 5 sind aufwärts gerichtet, Wellen 2 und 4 abwärts. Der sich daran oft anschließende *Abschwung* besteht aus drei Wellen: Welle *a* und *c* sind abwärts gerichtet, Welle *b* mäßig aufwärts. Der *Goldene Schnitt* basiert auf der unendlichen Reihe 1,1,2,3,5,8,13,21,... (Fibonacci-Zahlen). Eine Nachfolgerzahl wird durch die Summe der beiden direkten Vorgängerzahlen gebildet. Der Quotient von benachbarten Zahlen nähert sich nach den ersten vier Gliedern dem Wert 0,618, im Abendland der Goldene Schnitt genannt. So ist der menschliche Körper nach den Idealvorstellungen der Griechen danach proportioniert, d.h. das Verhältnis der Länge vom Scheitel zum Nabel und

4 Maßnahmeplanung

der Länge vom Nabel bis zur Fußsohle entspricht 0,618. Auch das christliche Kreuz und das Scheckkartenformat sind nach dieser Proportion konstruiert. Ausgehend von einer abgeschlossenen Welle wird über den Goldenen Schnitt das Ausmaß einer folgenden Welle prognostiziert.

Das Problem der Investmentanalyse läßt sich nach [Ger95, 87ff] in fünf Teilprobleme zerlegen. Für jedes Teilproblem werden im Folgenden die gegebenen Eingabe-Daten und die gesuchten Ausgabe-Daten angegeben. Für ausgewählte Teilprobleme werden auch die eingesetzten Methoden definiert.

Investmentanalyse

(1) Gesamtmarktanalyse
(1.1) Analyse der gesamtwirtschaftlichen Entwicklung zur Prognose von fundamentalen Daten.
Eingabe: Weltnachrichten, Berichte der Wirtschaftspresse, Konjunkturprognosen, Monatsberichte von Banken, Wirtschaftsstatistiken, Finanzmarktinformationen,
Ausgabe: Prognosen volkswirtschaftlicher Kennzahlen wie Bruttosozialprodukt, Arbeitslosenrate, Kapazitätsauslastung, Inflationsrate, Handelsbilanzentwicklung, Sparrate.
(1.2) Auswirkungen der prognostizierten fundamentalen Daten auf die Kapital- und Devisenmärkte.

Eingabe: prognostizierte volkswirtschaftliche Kennzahlen.

Ausgabe: Prognosen von Währungskursen, Zinsen, Aktienmarktentwicklung.

(2) Einzelanalyse Aktien

(2.1) Analyse der Unternehmensentwicklung.

Eingabe: Spezifikation der Aktie (Nennwert, Stimmrecht, Dividendenanspruch) und Unternehmensinformationen (Bilanzen, Gewinn und Verlustrechnung, Geschäftsberichte, Kennzahlen, Pressemitteilungen) bezogen auf finanzielle Situation, Marktchancen der Produkte, Managementqualität, Zukunftspläne etc., Prognosen aus (1).

Ausgabe: zukünftige Unternehmensentwicklung, Unternehmensgewinnschätzung.

Methoden: Technische Analyse, fundamentale Analyse via Bilanzanalyse und Gewinnschätzung.

(2.2) Abschätzung der Bewertung dieser Informationen durch den Markt unter Berücksichtigung der Prognosen aus (1) zur Prognose der Kursentwicklung einzelner Aktien.

Eingabe: Gewinnschätzung

Ausgabe: erwartete Rendite (inklusive Kursgewinne)

Methoden: Kursprognose mit KGV, Dividend-Discount-Modellen, Faktormodellen, Bilanzbewertungsmethoden, qualitative Argumentation mit Unterstützung von Bewertungsmodellen der Finanzmarkttheorie.

(3) Einzelanalyse Anleihen
(3.1) Analyse von Bonität, Titelkonditionen und Kennzahlen (z.B. Rendite auf Verfall).
Methode: Übernahme von Bonitätsratings, Titelkonditionen und Kennzahlen.
(3.2) Abschätzung der Bewertung dieser Informationen durch den Markt.
Eingabe: Titelinformationen, Prognosen aus (1) (gesamtwirtschaftliche Entwicklung zur Beurteilung der Schuldnerqualität, Zinsniveau zur Abschätzung der Marktbewertung).
Ausgabe: erwartete Rendite.
Methode: Abschätzung der Rendite in Abhängigkeit der Restlaufzeit, Kouponzahlung, Marktzins, Kurswert und Bonitätsrisiko.

(4) Einzeltitelanalyse Derivate
Eingabe: Titelinformationen für Optionen und Terminkontrakte.
Ausgabe: erwartete Rendite.
Methode: mathematische Modelle der Finanzmarkttheorie (vgl. [EG95], [SA90], [SB00]).

(5) Analysen zur Prognose des Risikos einzelner Anlagearten
Eingabe: Kurs- und Umsatzzahlen, fundamentale Daten (Branchenzugehörigkeit, Unternehmensgröße, Marktkapitalisierung, erzielter Gewinn, etc.).
Ausgabe: Varianzen und Kovarianzen, Beta-Faktoren (für Aktien).
Methode: Ein- und multifaktorielle Risikomodelle basierend auf historischen Daten.

Kapitalmarkttheorie   Häufig wird auch behauptet, daß eine Investmentanalyse überhaupt nicht nötig sei, da alle Informationen, die man auswerten kann, bereits vom Markt ausgewertet worden sind und sich inzwischen in den Preisen bzw. Kursen für diese Alternativen niedergeschlagen haben. Diese Behauptung basiert auf einer Vermutung der *Kapitalmarkttheorie* die besagt, daß es keine Möglichkeit gibt, durch allgemein zugängliche Informationen in systematischer Weise überdurchschnittliche Erträge zu erzielen. Gilt diese Vermutung, so bezeichnet man den Kapitalmarkt als effizient. In *effizienten Märkten* reflektieren die Preise alle vorhandenen Informationen vollständig. Je nach geforderter Strenge unterscheidet man drei Formen der Markteffizienz:

- *schwach*: alle Informationen über historische Preise sind in den gegenwärtigen Preisen enthalten;
- *halbstark*: alle öffentlich zugänglichen Informationen sind in den gegenwärtigen Preisen enthalten;
- *stark*: alle öffentlich zugänglichen und privaten Informationen sind in den gegenwärtigen Preisen enthalten.

Während aus praktischer Sicht die Effizienz der Kapitalmärkte zumindest der schwachen Form entspricht, wird aus theoretischer Sicht eine weitergehende Effizienz angenommen und somit die Kursentwicklung als *Random Walk* interpretiert [Mal99].

4.3 Portfoliobildung

In der Vermögensplanbilanz ist im Rahmen der *Capital Allocation* das zur Verfügung stehende Kapital in verschiedene Risikoklassen aufgeteilt worden, beispielsweise in die Klassen "konservativ", "ausgewogen", "ertragsorientiert" und "spekulativ". Die *Asset Allocation* hat festgelegt, welche Vermögensklassen in welchen Anteilen die einzelnen Risikoklassen füllen. Nach Durchführung von Capital und Asset Allocation steht fest, welcher Anteil des Kapitals in die ausgewählten Vermögensklassen investiert werden soll. Für die einzelnen Klassen sind danach Anlageobjekte auszuwählen und ihre Anteile in einem Portfolio festzulegen (Gewichtung der Anlageobjekte).

Gewichte festlegen

Die Gewichtung der Anlageobjekte bedeutet,

(1) sich für eine Teilmenge aller möglichen Alternativen zu entscheiden und

(2) aus dieser jeweils ein Portfolio bestehend aus Vermögensklassen, wie beispielsweise

- konservativ: 20% Kasse, 20% Anleihen, 20% Aktien und 40% Immobilien,
- ausgewogen: 20% Kasse, 30% Anleihen, 30% Aktien und 20% Immobilien,
- ertragsorientiert: 10% Kasse, 20% Anleihen, 60% Aktien und 10% Sonstiges,
- spekulativ: 5% Kasse, 80% Aktien und 15% Sonstiges

zusammenzustellen.

Die von Donald ermittelte Capital Allocation hat ergeben, daß Daisy ihre Verbindlichkeiten, Rückstellungen und das für die Vorsorge reservierte Eigenkapital zu 100% "konservativ" anlegen sollte; das für Konsum reservierte Eigenkapital sollte zu jeweils 50% "konservativ" und "ausgewogen" investiert werden; das freie Eigenkapital ist zu 70% "ertragsorientiert" und zu 30% "spekulativ" anzulegen. Der Anteil von Verbindlichkeiten und Rückstellungen am Kapital beträgt 10%, der des für Konsum reservierten Eigenkapitals 50%, der des für Vorsorge reservierten Eigenkapitals 30% und der des freien Eigenkapitals 10%. Dies bedeutet, daß die Investitionsklassen Kasse mit 16,72%, Anleihen mit 21,21%, Aktien mit 36,05% Immobilien mit 22,74% und sonstiges Vermögen mit 3,28% des Kapitals zu bedienen sind.	**Beispiel. 4.3.1**
Das Füllen der Vermögensklassen kann entweder Top-Down oder Bottom-Up erfolgen. Beim *Top-Down*-Vorgehen werden zuerst alle potentiellen Investitionsobjekte festgelegt (Investment Opportunity Set nach Schuldnerbonität, nach Fristigkeit, nach Liquidität, etc.), die ausgewählt werden dürfen. In einem zweiten Schritt werden die Elemente des Investment Opportunity Set mit prozentualen Anteilen (Gewichten) versehen, aus denen hervorgeht mit welchen Anteilen des Kapi-	**Top-Down**

tals in die einzelnen Vermögensklassen investiert werden soll.

Bottom-Up Beim *Bottom-Up*-Vorgehen wird zuerst die Anlageentscheidung für das Investitionsobjekt getroffen (asset picking) und danach wird die Gewichtung der einzelnen Objekte (zufällig) ermittelt. Wir folgen hier dem professionellen Top-Down-Vorgehen auf Basis (1) der *Theorie der Portfoliobildung* und (2) einer *präferenzorientierten Portfoliozusammenstellung*. Der Bottom-Up-Ansatz wird häufig von privaten Anlegern gewählt, die dadurch besondere Chancen erhoffen; ihm fehlt weitgehend die theoretische Grundlage.

Portfoliotheorie Die *Theorie der Portfoliobildung* beschäftigt sich mit der optimalen Zusammenstellung von Investitionsobjekten zu einem Portfolio (Portfolio Selection) auf der Basis von *Risiko* und erwarteter *Rendite*. Eine Erkenntnis der Theorie liegt darin, daß spezifische Risiken, die mit individuellen Anlagen verbunden sind, durch Mischungen mit anderen Anlagen verringert werden können.

Annahmen Häufig geht die Theorie von einem *risikoaversen* Investor mit *quadratischer Nutzenfunktion* aus. Für einen solchen Investor oder für *normalverteilte Wahr-*

scheinlichkeiten der Renditen ist die Varianz bzw. die Standardabweichung ein geeignetes Risikomaß (vgl. [BGS99, 44], [EG95, 219]). Der mögliche Ertrag aus einem Investment wird dabei durch den *Erwartungswert* des Endvermögens festgelegt. Diese Annahmen liegen den Arbeiten von Markowitz [Mar52] zugrunde.

Ein risikoaverser Investor mit quadratischer Nutzenfunktion folgt dem *Erwartungswert-Varianz-Prinzip*, d.h. der Erwartungsnutzen eines Portfolios hängt nur noch vom Erwartungswert seiner Rendite R_P und der zugehörigen Varianz σ^2_P ab. R_P ergibt sich aus den gewichteten Erwartungswerten der Rendite der individuellen Investitionsobjekte R_i, $i=1,...,n$. Somit ergibt sich für die Portfoliobildung das folgende quadratische mathematische Programm.

Risikoaverser Investor

$$\text{Min } \sigma^2_P = \Sigma_{i=1,...,n} x^2_i * \sigma^2_i + \Sigma_{i=1,...,n} \Sigma_{k=1,...,n} x_i * x_k * \sigma_{ik} \quad (4.3\text{-}1)$$

$$\Sigma_{i=1,...,n} x_i = 1 \quad (4.3\text{-}2)$$

$$R_P = \Sigma_{i=0,...,n} x_i * R_i \quad (4.3\text{-}3)$$

$$x_i \geq 0, \, i=1,...,n \quad (4.3\text{-}4)$$

Um (4.3-1)-(4.3-4) formulieren und die Werte der Entscheidungsvariablen x_i bestimmen zu können, müssen die folgenden Parameter bekannt sein. Es sei r_{ij} die mit Wahrscheinlichkeit p_{ij} erzielbare Rendite des Objekts i in Szenario j.

$R_i = \Sigma_{j=1,...,m}\, p_{ij} * r_{ij}$

ist die erwartete Rendite des Objekts i.

$\sigma^2_i = \Sigma_{j=1,...,m}\, p_{ij} * (r_{ij}-R_i)^2$

ist die zugehörige Varianz des Objekts i.

$\sigma_{ik} = E[(r_{ij}-R_i)*(r_{kj}-R_k)]$

ist die Kovarianz der Objekte i und k.

Die Korrelation zwischen zwei Wertpapieren i und k wird durch

$\rho_{ik} = \sigma_{ik} / (\sigma_i * \sigma_k)$

gemessen.

Beispiel 4.3.2 Daisy hält ein Portfolio mit zwei Wertpapieren. Rendite und Risiko jedes Wertpapiers ist abhängig davon, ob die Sonne scheint (i=1) oder (i=2) [BGS99, 46]:

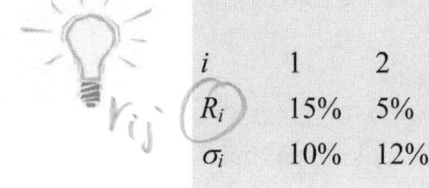

i	1	2
R_i	15%	5%
σ_i	10%	12%

Für die Korrelation zwischen beiden Wertpapieren gilt $\rho_{12} = 0{,}1$. Daisy möchte von Donald wissen, welche Rendite und welches Risiko ihr Portfolio aufweisen wird, wenn sie ihr Budget in gleichen Anteilen auf beide Wertpapiere aufteilen würde. Für das Portfolio $P=(x_1=0{,}5;\ x_2=0{,}5)$ ergibt sich

$R_P = 0{,}5*R_1 + 0{,}5*R_2 = 10\%$
$\sigma_P = \sqrt{(0{,}5^2*\sigma_1^2 + 0{,}5^2*\sigma_2^2 + 2*(0{,}5*0{,}5*\sigma_1*\sigma_2*\rho_{12}))}$
$\sigma_P = \sqrt{(0{,}0025 + 0{,}0036 + 2*0{,}0003)} = 8\%$

Wertet man (4.3-1)-(4.3-4) für jedes R_i in (4.3-3) aus, ergeben sich alle *effizienten* (varianzminimalen) *Portfolios* für jede erwartete Rendite. Der Zusammenhang ist in Tabelle 4.3-1 dargestellt. Graphisch liegen alle effizienten Portfolios auf dem rechten Ast einer nach oben geöffneten Normalparabel (quadratischen Funktion) im R_P-σ_P Diagramm. Dieser Ast der Parabel wird auch *effiziente Grenze* genannt. Der Zusammenhang ist in Abbildung 4.3-2 dargestellt.

Effiziente Portfolios

Die Portfolios mit $R_P \geq 11\%$ sind effizient. Es existiert kein anderes Portfolio, das bei gegebenem Risiko (gegebenen Erwartungswert der Rendite) einen höheren Erwartungswert der Rendite (ein niedrigeres Risiko) aufweist. Weiterhin erkennt man, daß einzelne

Portfolios mit Standardabweichungen ausgestattet sein können, die niedriger als die des risikoärmsten Wertpapiers sind. Ein solches Ergebnis erreicht man durch Risikostreuung bzw. *Diversifikation*. Das Ergebnis ist umso besser, je gegenläufiger die Korrelationen der Wertpapiere des Portfolios sind.

x_1	0	0,1	0,2	0,3	0,4	0,5	0,6	0,7	0,8	0,9	1,0
R_P	5 %	6 %	7 %	8 %	9 %	10 %	11 %	12 %	13 %	14 %	15 %
σ_P	12 %	11 %	10 %	9,2 %	8,6 %	8,2 %	8,1 %	8,2 %	8,6 %	9,2 %	10 %

Tabelle 4.3-1: Koordinaten von effizienten Portfolios

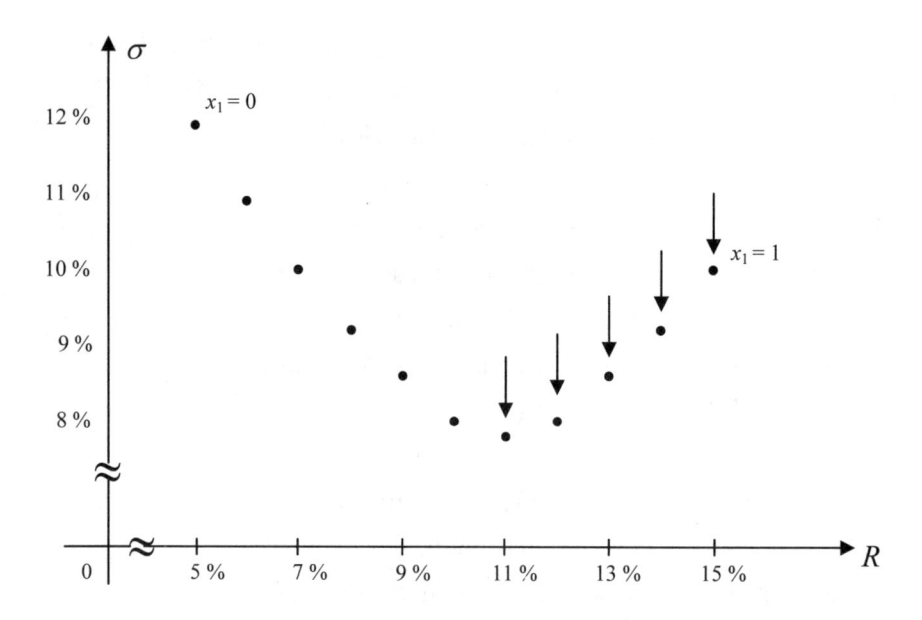

Abb. 4.3-2: μ-σ Kombinationen ausgewählter Portfolios nach [BGS99, 47]

Daisy ist mit ihrem bisherigen Portfolio nicht so recht zufrieden. Sie möchte Mischungen ganz unterschiedlicher Anlageklassen analysieren. Dazu bittet sie Donald zu berechnen, welche Mischungen unterschiedlicher Klassen effizient sind. Besonders interessiert ist sie an den effizienten Grenzen für Mischungen von Aktien und Anleihen sowie von US-amerikanischen und internationalen Aktien.	**Beispiel 4.3.3**

Sucht man nach *optimalen* Portfolios, so wählt man aus allen R_P-σ_P-effizienten Portfolios, das gemäß der *Nutzenfunktion* des Investors beste Portfolio aus. Optimale Portfolios sind dann interessant, wenn man die Asset Allocation mit Hilfe der Portfoliotheorie bestimmen möchte.

Optimale Portfolios

Es soll angenommen werden, daß neben $i=1,...,n$ risikobehafteten auch eine risikolose Anlage- bzw. Verschuldungsalternative $i=0$ existiert. Als risikolos sollen Anlagen gelten, die mit einer garantierten Rendite r_0 ausgestattet sind und der Schuldner mit dem bestmöglichen Rating ausgestattet ist.

Risikolose Anlagemöglichkeit

Das Vermögen des Investors ist so aufzuteilen, daß die Anteile x_0 in die risikolose Alternative und $1-x_0$ in die riskanten Alternativen investiert werden. Mit $x_i \geq 0$ sind Leerverkäufe ausgeschlossen. Für die erwartete

Rendite und Varianz des Portfolios ergeben sich (vgl. [BGS99, 62])

$$R_P = x_0 * r_0 + (1-x_0) * R_{P'} \tag{4.3-5}$$

$$\sigma_P^{\ 2} = (1-x_0)^2 * \sigma_{P'}^{\ 2} \tag{4.3-6}$$

Löst man (4.3-5) nach x_0 auf, ergibt sich

$$x_0 = (R_P - R_{P'}) / (r_0 - R_{P'}) \tag{4.3-7}$$

Setzt man (4.3-7) in (4.3-6) ein, ergibt sich

$$\sigma_P^{\ 2} = (1-(R_P - R_{P'}) / (r_0 - R_{P'}))^2 * \sigma_{P'}^{\ 2} \tag{4.3-8}$$

Löst man (4.3-8) nach Umformung nach R_P auf, ergibt sich

$$R_P = r_0 + (R_{P'} - r_0 / \sigma_{P'}) * \sigma_P \tag{4.3-9}$$

Die erwartete Portfoliorendite R_P besteht aus der Rendite der risikolosen Anlage plus einer *Risikoprämie* pro Risikoeinheit.

Ergebnis Unter Berücksichtigung der risikolosen Anlagemöglichkeit liegen alle Mischungen mit dem riskobehafteten Portfolio auf einer Geraden, die die R_P -Achse in r_0 und einen *Tangentialpunkt* der effizienten Grenze schneidet. Die Mischung, die der Tangentialpunkt repräsentiert, ist effizient. Dies bedeutet, daß bei Existenz einer risikolosen Anlage alle effizienten Portfolios als Linearkombination der sicheren Anlage und des risikobehafteten Portfolios darstellbar sind. Der Sachverhalt ist in Abbildung 4.3-3 dargestellt.

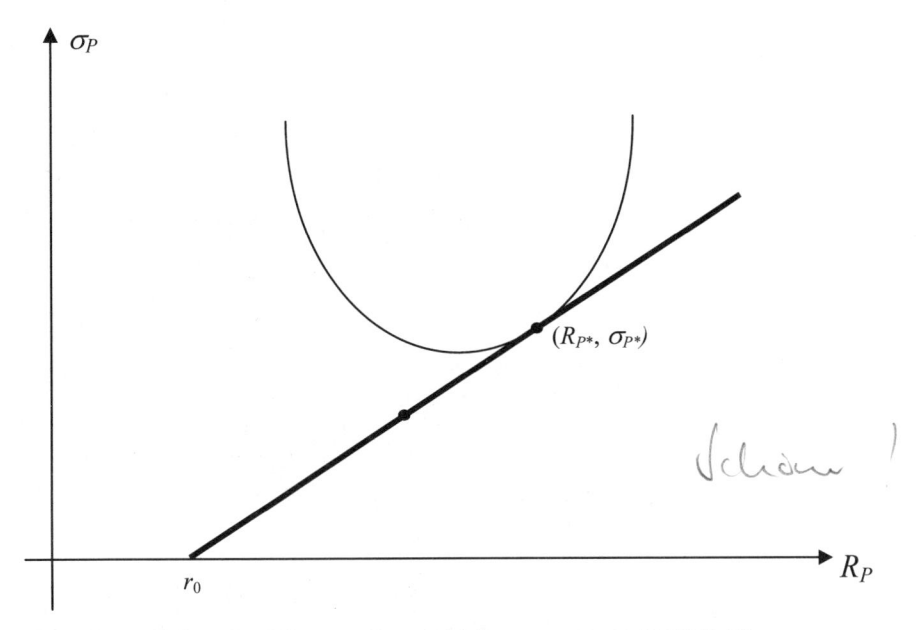

Abb. 4.3-3: Effiziente Portfolios unter Berücksichtigung von r_0 nach [BGS99, 65]

Daraus leitet sich das Vorgehen zur Bestimmung eines optimalen Portfolios auf Basis der Portfoliotheorie ab:

Vorgehen

(1) Ermittle die effiziente Grenze des Portfolios, das nur aus risikobehafteten Anlagen besteht.
(2) Ermittele das zugehörige Tangentialportfolio.
(3) Maximiere den Nutzen durch den Anteil x_0^*, der in die risikolose Anlage investiert werden soll.

Dieses Vorgehen bedeutet, daß nur Portfolios optimal sein können, die aus einer Linearkombination von risikolosen und risikobehafteten Anlagen mit x_0^* und 1-x_0^* bestehen. Dieser Sachverhalt wird auch als *Tobin-Separation* [Tob58] bezeichnet, da die Konstruktion der effizienten Grenze und die Gewichtung der risikobehafteten und der risikolosen Anlagen voneinander *getrennt* werden können.

Kritik Eine häufig geäußerte Kritik am Vorgehen der Portfoliobildung auf Basis der Portfoliotheorie ist die Schwierigkeit der Schätzung verlässlicher Inputwerte für das Modell. Aus der Vergangenheit sind die entsprechenden Inputdaten zwar bekannt und man kann nachträglich effiziente Portfolios berechnen. Um aber ein für die Zukunft optimales Portfolio zu finden, muß man von verlässlichen Inputdaten ausgehen können. Zu diesem Zweck benötigt man Schätzungen für n Varianz-, $n*(n-1)/2$ Kovarianz- und n Renditewerte, d.h. $(n^{2+3n})/2$ Schätzungen für die Inputdaten. Dem Problem

4 Maßnahmeplanung 235

der Portfoliobildung scheint also das zugehörige Prognoseproblem vorgelagert zu sein. Dies zu lösen, ist jedoch zu großen Teilen Aufgabe der Investmentanalyse.

Eng verbunden mit der Portfoliotheorie ist die *Kapitalmarkttheorie* mit ihren Grundmodellen *Capital Asset Pricing Model* (CAPM) und *Arbitrage Pricing Theory* (APT).

Kapitalmarkttheorie

Aussagen der CAPM sind (vgl. [SB00, 21ff])

CAPM

- im Kapitalmarktgleichgewicht gilt, daß der risikobehaftete Teil der Portfolios aller Anleger dem Marktportfolio entspricht;
- der Erwartungswert der Rendite jedes effizienten Portfolios ist eine lineare Funktion der Standardabweichung der Portfoliorendite;
- zwischen der Rendite und dem Risiko eines Wertpapiers besteht ein linearer Zusammenhang;
- die Wertpapierrendite besteht aus einem risikolosen Teil und einer Risikoprämie.

Zusätzliche Aussagen des APT sind (vgl. [SB00, 30ff])

APT

- die Wertpapierrendite hängt vom Risiko unerwarteter Abweichungen von den Erwartungswerten mehrerer *makroökonomischer Faktoren* ab

- wie beispielsweise Inflation, Zinsen, Konjunktur, Ölpreis, Arbeitslosigkeit, etc.

und / oder *mikroökonomischer Faktoren*
- wie beispielsweise Unternehmensgröße, Verschuldungsgrad, Konkurrenzverhalten, KGV, Dividendenrendite, etc.;
- Arbitrage sorgt für die richtige Bewertung der Wertpapiere im Gleichgewicht.

Die obigen Aussagen gelten ohne Berücksichtigung von Transaktionskosten, Steuern, Marktineffizienten (Bubbles, Time-Lags, Marktmacht) sowie psychologischen Einflußfaktoren.

Unter Berücksichtigung der Kritik an der Portfoliobildung auf Basis der Portfoliotheorie soll hier eine weitere Alternative zur Portfoliobildung diskutiert werden, die auf den Ergebnissen der Asset Allocation aufbaut.

Präferenzorientierte Portfoliobildung

Die *präferenzorientierte Portfoliobildung* baut auf den vielfältigen Präferenzen eines Investors auf, die als Restriktionen und gegebenenfalls Zielfunktionen eines *mathematischen Programms* modelliert werden (vgl. [KW04]). Die Literatur und persönliche Erfahrungen zeigen, daß ökonomische Faktoren wie Zinssätze, Wechselkurse und Inflation und persönliche Gegeben-

4 Maßnahmeplanung

heiten wie Lebensalter und verfügbares Kapital wichtige Grundlagen für Portfolioentscheidungen sind. So erscheint es sinnvoll, die Portfoliobildung auf individuelle Präferenzen aufzubauen. Wir wollen hier o.B.d.A. die Diskussion auf die *Anlageklasse* 'Anleihen' und die *Präferenzen* Rendite, Schuldnerrisiko, Währungsrisiko und Laufzeit beschränken.

Wir wollen annehmen, es existiert die Möglichkeit, ein gegebenes Budget B in $i=1,...,n$ in Anleihen zu investieren. Die Anleihen unterscheiden sich bezüglich Währung, Koupon, Kurs, Schuldnerbonität und Laufzeit. Mit Hilfe des Koupons und des aktuellen Kurses der Anleihe, kann die *effektive* Rendite r_i jeder Anleihe für die Restlaufzeit berechnet werden. Wenn die Anleihe bis zum Verfallsdatum gehalten wird, ist die effektive Rendite garantiert, sofern der Schuldner nicht ausfällt. Die Schuldnerbonität sei numerisch repräsentiert, beispielsweise aus dem Intervall [1,5] mit 5 als höchster Qualität und geringstem Schuldnerrisiko und 1 als geringster Qualität und höchstem Schuldnerrisiko. Die Laufzeit jeder Anleihe betrage eine gegebene Anzahl t von Perioden, mit $t=1,...,T$.

Ziel des Investors ist es die effektive Rendite eines nur aus Anleihen bestehenden Portfolios zu maximieren. Dabei ist zu beachten, daß das gegebene Bud-

Ziel der Optimierung

get B so in Anteile x_i zerlegt wird, so daß vorgegebene obere (und untere) Grenzen für Investments bezüglich
- Laufzeiten,
- Schuldnerrisikos und
- Währungen

eingehalten werden. Die Anleihen sollen auf Verfall gehalten werden. Das folgende lineare Programm (4.3-10)-(4.3-15) repräsentiert die obige Fragestellung.

Maximiere $R_P = \sum_{i=1,\ldots,n} x_i * r_i$ \hfill (4.3-10)

Laufzeitbedingung:
$\sum_{i \in At} x_i \leq B_t,$ \qquad $t=1,\ldots,T$ \hfill (4.3-11)

A_t: \quad Teilmenge der Anleihen mit Laufzeit t
B_t: \quad Teil des Budgets, der für Laufzeit t verwendet werden kann

Schuldnerbedingung:
$\sum_{i \in Az} x_i \leq B_z,$ \qquad $z=1,\ldots,Z$ \hfill (4.3-12)

A_z: \quad Teilmenge der Anleihen mit Schuldnerbonität z
B_z: \quad Teil des Budgets, der für Bonität z verwendet werden kann

Währungsbedingung:

4 Maßnahmeplanung

$\sum_{i \in A_w} x_i \leq B_w,$ $w = 1,...,W$ (4.3-13)

A_w: Teilmenge der Anleihen, die auf Währung w lauten

B_w: Teil des Budgets, der für Währung w verwendet werden kann

Keine Budgetüberschreitung

$\sum_{i=1,...,n} x_i = 1$ (4.3-14)

Keine Leerverkäufe

$x_i \geq 0,$ $i = 1,...,n$ (4.3-15)

(4.3-11)-(4.3-13) stellen sicher, daß vorgegebene Budgetanteile $B_t \leq B$ für unterschiedliche Laufzeiten t, $B_z \leq B$ für unterschiedliche Schuldnerbonitäten und $B_w \leq B$ für unterschiedliche Währungen nicht überschritten werden. (4.3-14) verhindert eine Budgetüberschreitung des Investments und (4.3-15) verbietet Leerverkäufe. Die Zielfunktion (4.3-10) repräsentiert die Präferenz des Investors die effektive Rendite des Portfolios R_P zu maximieren.

Hart und Weich

Welche Präferenzen durch Zielfunktionen und welche durch Restriktionen repräsentiert werden, ist abhängig von den Intentionen des Investors. Restriktionen haben eher den Charakter von *harten* Präferenzen, deren Einhaltung sicher zu stellen ist; Zielfunktionen repräsentieren eher *weiche* Präferenzen, die man möglichst weitgehend erfüllen möchte.

Beispiel 4.3.5

Daisy hat von der präferenzorientierten Portfoliobildung gehört und möchte die Vorgehensweise gerne einmal ausprobieren. Im Rahmen einer Vorauswahl hat sie die folgenden fünf Anleihen als Kandidaten für das Portfolio ausgewählt.

Anleihe	Rendite	Laufzeit	Währung	Schuldner
A_1	0,035	1 Jahr	Yen	5
A_2	0,030	1 Jahr	Euro	4
A_3	0,037	2 Jahre	USD	4
A_4	0,043	3 Jahre	Euro	2
A_5	0,050	3 Jahre	USD	2

Sie fragt Donald, welche Beträge ihres Budgets sie aus laufzeit-, währungs- und schuldnerorientierten Überlegungen einsetzen sollte. Ihr Ziel ist die Maximierung der Portfoliorendite.

4.4 Portfolioabsicherung

Gegen das unsystematische Risiko hilft die *Diversifikation*. Das systematische, an die Marktentwicklung gekoppelte Risiko, versucht man durch Portfolioabsicherung bzw. *Portfolio Insurance* Strategien (Hedging) zu begrenzen. Eine Aussage der Kapitalmarkttheorie ist, daß nur die Übernahme des systematischen Risikos langfristig mit höheren Renditen belohnt (oder aber auch mit entsprechenden Verlusten bestraft) wird.

Zweck

Nicht abgesicherte Portfolios partizipieren im gleichen Umfang an steigenden und an sinkenden Preisen. Ziel der Absicherung ist es, steigende Preise auszunutzen und Verluste bei sinkenden Preisen zu begrenzen (vgl. [GLS01, 185ff], [SB00, 375ff]). Logisch läßt sich die Portfolioabsicherung als Getriebe interpretieren, das die Marktentwicklung durch verschiedene Gänge bzw. Übersetzungen abbremst. Das Getriebe läßt sich konstruieren, wenn man Vorgaben für die gewünschte Übersetzung berücksichtigt. Versicherungen sind jedoch in den meisten Fällen mit Kosten verbunden. Wir konzentrieren uns hier auf Möglichkeiten der Absicherung von Aktienportfolios, da diesem Geschäft in der Praxis eine große Bedeutung zukommt (vgl. [SB00, 379ff]).

Stop-Loss   "Gewinne laufen lassen, Verluste begrenzen" ist eine Börsenregel. Umgesetzt wird diese Regel durch die Beachtung von *Ausstiegssignalen*. Kritiker der Stop-Loss-Strategie stellen fest, daß bei diesem Vorgehen immer dann verkauft wird, wenn der Markt schlecht läuft; im Ergebnis verhält man sich zyklisch, obwohl in 'normalen' Börsenjahren antizyklisches Verhalten gefordert sei.

Der Anleger hält ein Portfolio mit Wert K_0 und legt einen Mindestwert K_{min} fest, der zum Ende einer gegebenen Periode T nicht unterschritten werden sollte. Es sei K_t der Wert des Portfolios zum Zeitpunkt t und r der risikolose Zinssatz. Der Anleger verkauft das Portfolio spätestens zu dem Zeitpunkt t für den gilt, daß der Barwert des Portfolios zum Zeitpunkt t bezogen auf das Periodenende T dem Mindestwert K_{min} entspricht. Den Verkaufserlös legt er zum riskolosen Zinssatz an.

$$K_t*(1+r)^{(T-t)} = K_{min}$$

Um zu entscheiden, ob das Portfolio entweder gehalten oder verkauft werden soll, muß also zu jedem Zeitpunkt t der Barwert berechnet und mit dem Mindestwert verglichen werden. Ist der Stop-Loss-Kurs kleiner oder gleich dem aktuellen Kurs sollte das Portfolio verkauft werden, um den Mindestwert einzuhalten.

> Daisy hat ein Aktienportfolio und möchte es gegen Kursverluste absichern. Der Preis des Portfolios beträgt am 30. Juni 100 Taler. Daisy möchte, daß der Wert des Vermögens in einem Jahr nicht weniger als 80 Taler betragen soll. Der järliche Zinssatz sei 5%. Am 31. Dezember ruft Daisy bei Donald an und fragt ihn, welcher Kurs des Portfolios heute einen Verkauf nötig machen würde. Donald berechnet den Wert mit 78,07 Taler. Wird der Erlös zu 5% angelegt, erhält man ein halbes Jahr später 80 Taler zurück.

Beispiel 4.4.1

Kauft man einen *Put*, so kauft man eine Option zum zukünftigen *Verkauf* eines Finanztitels zu einem vereinbarten Basispreis. Über einen solchen Put kann man die Wertentwicklung des eigenen Portfolios absichern. Den Basispreis wählt man so, daß er dem Absicherungspreis des Portfolios plus dem Optionspreis plus den Transaktionskosten entspricht. Liegt der Wert des Portfolios am Verfallstag unter dem Basispreis minus Optionspreis minus Transaktionskosten, so wird die Option ausgeübt. Im anderen Fall läßt man die Option verfallen.

Protective Put

Beispiel 4.4.2 Daisy hegt Zweifel an der Absicherung durch eine Stop-Loss Strategie. Sie überlegt, ob die Absicherung durch einen Put gegenüber der Absicherung durch Stop-Loss vorzuziehen wäre. Sie hat ein nach einem Index zusammengestelltes Portfolio mit Wert von 50.000 Taler. Der Indexstand beträgt 1000 Punkte und die Absicherungsperiode ein Jahr. Für die Anzahl zu kaufender Puts zum vereinbarten Basispreis von 1.000 Taler muß der Quotient aus Portfoliowert und Basispreis bestimmt werden. Es ergibt sich ein Wert von 50. Der Preis eines Puts beträgt 4 Taler, die Transaktionskosten 1%. Das Portfolio ist damit für ein Jahr in Höhe von (50.000 - 200 - 200*0,01) = 49.798 Taler abgesichert.

Call Kauft man einen *Call*, so kauft man eine Option zum zukünftigen *Kauf* eines Finanztitels zu einem vereinbarten Basispreis. Häufig werden Calls mit Finanzanlagen zu risikolosen Zinssätzen kombiniert.

Beispiel 4.4.3 Daisy möchte heute einen Anlagebetrag in Höhe von 50.000 Taler absichern. Die Absicherungsperiode beträgt ein Jahr, der Zinssatz 5%. 50.000 Taler entsprechen bei einem Zins von 5% einem heutigen Barwert von 47.619 Taler. Diesen investiert Daisy in einen Zerobond mit einjähriger Laufzeit. Für die Differenz 50.000 - 47.619 = 2.381 Taler kauft Daisy einjährige

Calls auf einen Index. Übersteigt der Wert des Index in einem Jahr den Basispreis, partizipiert Daisy an der steigenden Marktentwicklung. Um die Rendite der Festgeldanlage zu übertreffen, muß der Erlös aus dem Call-Geschäft mindestens 2.381*1,05 = 2.500,05 Taler betragen.

Ein Call läßt sich auch mit risikobehafteten Finanztiteln kombinieren. Mit dem Kauf einer Aktie *verkauft* man eine Call-Option über die gleiche Stückzahl an Aktien auf Termin. Diese Option verpflichtet uns (den Verkäufer) dem Erwerber der Option die Aktien *bis* zu einem festgelegten Termin zu einem festgelegten Preis zu verkaufen, wenn der Erwerber dies wünscht. Für diese Verpflichtung erhalten wir eine Vergütung in Form der Optionsprämie. Der Basispreis sollte von uns so angesetzt werden, daß die maximale Kurserwartung der Aktie die Grundlage der Entscheidung bildet.

Beispiel 4.4.4

Daisy kauft 100 Aktien zum Stückpreis von 12,00 Taler. Gleichzeitig verkauft sie 100 Calls zum Basispreis von 13,00 Taler auf Verfall in einem Jahr. Dafür erhält sie eine Optionsprämie von 0,39 Taler pro Stück Call. Die Absicherung ist für Daisy vorteilhaft bis zu einem Aktienkurs in einem Jahr von 13,39 Taler.

Covered Call Der *Covered Call* Aktionär ist bei allen Kursen, die den Basispreis und die Optionsprämie unterschreiten besser gestellt als der reine Aktionär. In diesen Fällen macht er immer weniger Verlust und ist früher in der Gewinnzone. Bei Kursanstiegen über den Basispreis ist sein Gewinn durch den Gewinn beim Basispreis nach oben beschränkt. Zudem kommen die Dividenden dem Verkäufer (Stillhalter) zugute, wenn die Aktien nicht vorher vom Käufer abgerufen werden.

Nachteile dieser Absicherung sind:

- die Aktien sollten während der Laufzeit der Option nicht verkauft werden,
- die Prämieneinnahmen sind steuerpflichtig,
- bei Abruf der Aktien innerhalb der Spekulationsfrist sind die Veräußerungsgewinne steuerpflichtig.

Synthetscher Put Lassen sich Absicherungen nicht mit am Markt gehandelten Optionen realisieren, so werden Puts mit Hilfe der Optionspreistheorie frei konstruiert. Bei der Konstruktion *synthetischer Puts* stehen besondere Bedingungen der gewünschten Absicherung im Vordergrund.

Constraint Propagation Anleger, die das systematische Risiko verringern wollen, sollten sich überlegen, ob anstelle der Absiche-

4 Maßnahmeplanung

rung durch Optionen eine Verringerung des Aktienanteils den gleichen Effekt hervorbringt. Verringert man den Aktienanteil sichert man sich zwar gegen sinkende Marktpreise (*downside risk*) tendenziell ab, verzichtet aber auf das Potential steigender Marktpreise (*upside potential*). Dies ist die Idee der *Constraint Propagation Insurance*.

Die Absicherung wird hier durch Umschichtungen des Portfolios zwischen Aktien und risikolosen Anlagen erreicht. Zum Zeitpunkt t ist ein Budget B_t auf Aktien A_t (exposure) und risikolose Anlagen R_t zu verteilen, d.h. $B_t = A_t + R_t$. Es wird ein Mindestwert K_{min} des Portfolios (Floor) festgelegt, den es zu erhalten gilt. Die Differenz zwischen B_t und K_{min} bezeichnet man als Polster C (cushion), d.h. $C = B_t - K_{min}$. Um A_t zu bestimmen, wird die Risikotoleranz des Anlegers benötigt. Diese wird hier durch einen Multiplikator $B_t/C \geq k > 1$ abgebildet. Je größer k desto riskofreudiger ist der Investor. Es ergibt sich $A_t = k*C$. Mit $C = B_t - K_{min}$ ergibt sich $K_{min} = B_t - C = B_t - A_t/k$. $1/k$ ist der Faktor, um den der Wert des Aktienportfolios sinken darf, bevor eine Portfolioanpassung erfolgen muß, damit der Mindestwert K_{min} nicht gefährdet wird.

Beispiel 4.4.5 Daisy möchte auch diese Form der Absicherung genauer analysieren. Sie hat ein Budget von 50.000 Taler und möchte nicht mehr als 15.000 Taler verlieren. Sie nimmt an, für sie gelte $k = 1,5$. Mit diesen Daten ermittelt sie, daß $C = 15.000$ Taler und $A_t = 22.500$ Taler beträgt. $B_t - A_t = 27.500$ Taler würde sie in eine risikolose Anlage investieren. Das Aktienportfolio darf um $1/1,5 = 66,7\%$ an Wert verlieren, bevor $K_{min} = 35.000$ Taler unterschritten wird: $K_{min} = 50.000 - (1/1,5)*22.500 = 35.000$. Ist zu einem Zeitpunkt der Floor erreicht, wird ab dann das verbleibende Budget nur noch in risikolose Anlagen investiert.

Steigt (sinkt) der Aktienmarkt, so verringert (erhöht) sich die risikolose Anlage; sinkt (steigt) die Risikotoleranz, so verringert (erhöht) sich der Aktienanteil. Die *Constraint Propagation Insurance* dominiert bei steigenden und fallenden Märkten die *Buy and Hold Strategie*, die feste Beträge in Aktien und risikolose Anlagen investiert und dieses Verhältnis auf Dauer beibehält.

Fazit Allen Absicherungstechniken gemeinsam ist die Beobachtung, daß sie bei steigenden Märkten die Performance verschlechtern und bei sinkenden Märkten verbessern. Relativ machtlos sind sie bei einem schlagartigen Preisverfall wie er bei Börsencrashs zu beobachten ist.

4.5 Produktauswahl und Timing

Nachdem die Anlagealternativen in ihren Anteilen gewichtet und Regelungen für eine etwaige Portfolioabsicherung getroffen worden sind, müssen jetzt die *Produkte* und die *Transaktionszeitpunkte* für Kauf und Verkauf festgelegt werden. Zusätzlich muß im Falle von börsengehandelten Finanztiteln das Kreditinstitut ausgewählt werden, das den Börsenhandel und die Verwahrung der Wertpapiere übernimmt.

Zweck

(1) Produkt- und Lieferantenauswahl
Die Produktauswahl spielt dann eine Rolle, wenn verschiedene Alternativen bezüglich des Investments in eine Vermögensposition bestehen, die die bei der Portfoliobildung und der Portfolioabsicherung festgelegten Charakteristika wie Rendite, Risiko, Liquidität, Laufzeit etc. erfüllen. Die Produktauswahl führt zu einer *Beschaffungsentscheidung*. Produkte werden über Lieferanten (Finanzintermediäre, Kreditinstitute) angeboten. In einer Zeit, in der Tafelgeschäfte praktisch bedeu-

tungslos geworden sind, übernehmen die Lieferanten auch häufig die Verwahrung bzw. die *Lagerhaltung* dieser Produkte. Die gekauften Produkte werden dem Erwerber nicht ausgehändigt, sondern verbleiben in einem Depot (Lager), das beim gewählten Lieferanten oder auch einer anderen Verwahrstelle geführt wird.

Kriterien Ein wichtiges Kriterium für die Produkt- und Lieferantenauswahl sind die mit dem Erwerb, der Verwahrung, dem Management und dem Verkauf verbundenen *Kosten*. Der Einfachheit halber wollen wir die Diskussion hier auf homogene Produkte, d.h. Produkte mit den gleichen Eigenschaften bezüglich der geforderten Ausstattungsmerkmale beschränken. In diesem Fall werden die Kosten zum entscheidenden Kriterium.

Ein wichtiges Kriterium zur Auswahl eines geeigneten Lieferanten sind die mit dem *Kauf* und der *Verwahrung* der Produkte verbundenen Kosten bzw. die Provisionen und Gebühren im Wertpapiergeschäft. Die beiden wichtigsten Kostenarten sind Transaktions- und Lagerhaltungskosten. *Transaktionskosten* entstehen hauptsächlich bei Kauf und Verkauf eines Produkts. *Lagerhaltungskosten* entstehen durch die Aufbewahrung des Produkts beim Lieferanten in Form von Depot- und Kontogebühren.

4 Maßnahmeplanung

Gebühren

Wenn man bedenkt, daß sich durch das Zahlen von Gebühren die Rendite und die verfügbare Liquidität verringert, ohne daß sich etwas am eingegangenen Risiko ändert, sollte die Minimierung der entsprechenden Gebühren ein wichtiges Ziel bei der Auswahl des Lieferanten sein.

Betrachten wir beispielsweise die *Kosten*, die mit dem Eigentum an *Fondanteilen* verbunden sein können. Grundsätzlich müssen alle bei Erwerb, Verkauf und Management eines Fonds entstehenden Kosten im Fondprospekt aufgeführt werden. Dabei können auch Maximalsätze genannt werden. Die Kosten lassen sich in einmalige und laufende Kosten unterscheiden. *Einmalige* Kosten resultieren aus der Ausgabe- und der Rücknahmekommission. Bei den *laufenden* Kosten lassen sich ausgewiesene und verdeckte Kosten unterscheiden. Bei den *ausgewiesenen* Kosten handelt es sich um Managementgebühren, Depotbankgebühren für das Fondvermögen und Verwaltungskosten. Die ausgewiesenen Kosten werden in der Erfolgsrechnung des Fonds aufgeführt. Sie können auch prozentual als TER (Total Expense Ratio) oder GKV (Gesamtkostenverhältnis) ausgewiesen werden und dann zum Alternativenvergleich herangezogen werden. Zu den *verdeckten* Kosten zählen die Transaktionskosten der Fondgesellschaft wie Courtagen, Abgaben und Gebühren, aber auch Drittkosten wie fremde Transaktionskosten, falls ein ausländischer Broker oder eine ausländische Bank eingeschaltet werden. Schätzungen gehen davon aus, daß die laufenden Kosten jährlich 2% des Fondvermögens ausmachen, wobei die der Aktienfonds noch höher sein können. Wie man sieht, sind die anfallenden Kosten nur schwer zu analysieren, aber dabei von großem Einfluß auf die Auswahlentscheidung.

Dazu kommen noch die Kosten für Transaktionen und Verwahrung bei der verwaltenden Depotbank. Neben Gebühren, die häufig in Prozent vom aktuellen Kurswert der Produkte erhoben werden, kommen Pauschalen sowie Mindest- und Maximalgebühren zur Anwendung.

Beispiel 4.5.1 Daisy hat nun alle Planungsentscheidungen getroffen und möchte ihr Konzept mit einem Finanzdienstleister umsetzen. Sie sucht natürlich nach dem Dienstleister, der ihre Pläne mit minimalen Kosten realisiert.

(2) Timing
Timing bedeutet, geeignete (Umrüst-) Zeitpunkte für Transaktionen zu bestimmen (vgl. [SB00, 129]). Geeignet sind alle Zeitpunkte, die zu möglichst niedrigen Kaufpreisen oder zu möglichst hohen Verkaufspreisen führen. Voraussetzung für ein gutes Timing sind Prog-

nosemöglichkeiten der Preisentwicklung. Häufig wird versucht, geeignete Informationen durch die Investmentanalyse und da besonders aus der Technischen Analyse abzuleiten.

Das bestmögliche Timing kauft und verkauft immer im richtigen Moment, d.h. jede Marktentwicklung wird nur positiv genutzt. Geht es aufwärts, ist man dabei, geht es abwärts ist man draußen. Perfektes Timing ist eine Geldmaschine und man braucht keine Portfolioabsicherung. Im Vergleich zur Auswahl der Anlagealternativen (Asset Allocation) und der Portfoliobildung wird dem Timing unter realistischen Bedingungen jedoch eine geringere Bedeutung für die erwartete Performance zugesprochen.

Optimales Timing

Man unterscheidet informiertes und nicht informiertes Timing. Beim *informierten* Timing versucht man mit Hilfe von Marktinformationen Voraussagen über das Steigen und Fallen von Preisen zu machen. Beim *nicht informierten* Timing spielen solche Informationen für die zu treffende Entscheidung keine Rolle. Ein solches nicht informiertes Timing ist das *Cost Averaging*. Dabei werden Positionen in gleichen Anteilen regelmäßig im Zeitverlauf gekauft oder verkauft. Mit diesem Vorgehen steigt die Wahrscheinlichkeit, nicht den jeweils höchsten Einstiegs- oder niedrigsten Aus-

Timingarten

stiegspreis zu bezahlen, sondern die über eine Periode gemessenen Durchschnittspreise. Eine etwas andere Sicht auf das Problem ergibt sich durch die folgende Formulierung:

Gegeben: Budget B, Produkt K, unterschiedliche Preise für K im Zeitverlauf
Gesucht: Aufteilung von B auf Transaktionen, so daß die Anzahl der gekauften Einheiten des Produkts K maximiert wird.

Als Ausprägung eines informierten Timings betrachten wir das folgende Problem. Zu unterschiedlichen Zeitpunkten t wird ein Anlageobjekt zum Preis p_t angeboten. Der Investor verfügt über Informationen über die Preisunter- und Preisobergrenze des Anlageobjekts; die Preisuntergrenze wird nie unterschritten und die Preisobergrenze wird nie überschritten. Der Investor muß bei Bekanntgabe des Preises entscheiden, ob er zum Preis p_t investiert oder ob er seine Entscheidung auf die Bekanntgabe des nächsten Preises zum nächsten Zeitpunkt verschiebt. Entspricht p_t der Preisunter- oder der Preisobergrenze, so ist die Entscheidung klar; ist dies nicht der Fall bleibt ein Problem.

Dollars in Yen
Als Beispiel soll ein Investor dienen, der Dollars in Yen konvertieren möchte und der Preis p_t den jeweils

aktuellen Wechselkurs beider Währungen angibt. Man kann zwei Varianten des Problems unterscheiden: akzeptiert der Investor einen Angebotspreis, dann investiert er sein gesamtes Budget zu diesem Preis, d.h. $x_t = 1$ (1) oder er investiert nur einen Anteil seines Budgets, d.h. $0 \leq x_t < 1$ und vertagt weiteres Investment auf zukünftige Perioden (2). Variante eins bezeichnet man als 'search' Problem und Variante zwei als 'one-way trading' Problem [BEY98, 264ff].

Wir wollen annehmen, daß die Wechselkurse p_t aus dem reellwertigen Intervall $[m,M]$ mit dem Investor bekannten Intervallgrenzen m und M gezogen werden, mit $0 < m \leq M$. Die Intervallgrenzen können als vermutete oder feste untere und obere Schranken des Wechselkurses beider Währungen interpretiert werden. Wir wollen zwischen bekannter und unbekannter Dauer des Spiels unterscheiden. Bei *bekannter Dauer* weiß der Investor, daß er mit n Kursen (Perioden) konfrontiert wird; bei *unbekannter Dauer* wird der Investor vor dem letzten angebotenen Preis darüber informiert, daß es sich dabei für ihn um die letzte Möglichkeit eines Investments handelt. Bei beiden Varianten kann der Investor das Spiel beenden, in dem er den verbleibenden Teil seines Budgets zum Preis m wechselt. Der Investor möchte seine Dollar möglichst zu dem Preis p_{max} verkaufen, zu dem er die meisten Yen pro Einheit Dollar erhält.

Die optimale deterministische Lösung für das 'search' Problem ist die Anwendung folgender Regel:

Akzeptiere den ersten Preis, der größer oder gleich dem Reservationspreis $p° = \sqrt{(M*m)}$ ist.

Analyse Die Regel hat eine Güte von $c \leq \sqrt{(M/m)}$. Dies macht man sich durch die folgenden Überlegungen klar. Es sei p_{max} der (ex post) größte auftretende Preis in dem Spiel. Diesen Preis können wir durch Glück erzielen. Folgen wir der Regel und ist (1) $p_{max} \geq p°$ tätigen wir die Investition zum Preis $\sqrt{(M*m)}$, d.h. $c \leq p_{max} / \sqrt{(M*m)}$; ist (2) $p_{max} < p°$ finden wir den Reservationspreis während des gesamten Spiels nicht und sind im schlechtesten Fall gezwungen, die Investition zum Preis m zu tätigen, d.h. $c \leq p_{max} / m$. Faßt man die Möglichkeiten (1) und (2) zusammen, so ergibt sich in beiden Fällen die Güte $c \leq p_{max} / \sqrt{(M*m)} = p_{max} / m$ bzw. wenn $c \leq \sqrt{(M/m)}$.

Das Ergebnis gilt sowohl bei bekannter als auch bei unbekannter Dauer des Spiels. Natürlich ist es davon abhängig, daß die Intervallgrenzen m und M bekannt sind.

4 Maßnahmeplanung

Beispiel 4.5.2

Auf Grund einer Empfehlung hat sich Daisy entschieden, Aktien der Money Maker AG zu kaufen. Aus der Zeitung kennt sie das '52 Wochen Hoch' und das '52 Wochen Tief' der Aktie. Mit diesen Angaben kann sie den Reservationspreis bestimmen und daraus eine Entscheidung über den Kauf der Aktie ableiten.

Zufall

Will man die Güte obiger Reservationspreis-Regel (*RPR*) von $\sqrt{(M/m)}$ auf $O(\log M/m)$ verbessern, so muß man den Reservationspreis vor jeder Entscheidung *zufällig* bestimmen.

Wir nehmen an, daß $M/m = 2^k$ mit k als ganzer Zahl. Wir bestimmen nun für $i = 0,1,...,k-1$ k Reservationspreise $m*2^i$ und damit auch k RPR_i. So beträgt beispielsweise für RPR_{k-1} der Reservationspreis $m*2^{(k-1)}$.

Die optimale randomisierte Lösung für das 'search' Problem ist die Anwendung folgender Regel:

Wende Regel RPR_i mit Reservationspreis $m*2^i$ mit Wahrscheinlichkeit $1/k$ an. Der Beweis kann [BEY98, 267] entnommen werden.

Es soll noch eine weitere Formulierung eines Timing-Problems vorgestellt werden. Dazu sollen Investitionen in verschiedene Vermögensklassen als Projekte im Zeitverlauf betrachtet werden, die nach einer vorgegebenen Dauer zu unterschiedlichen erwarteten Erträgen zu verschiedenen Zeitpunkten führen können. Wir wollen annehmen, daß n solcher Investments mit bekannter Dauer durchgeführt werden sollen. Aus Gründen der Risikobeschränkung sollen zu jedem Zeitpunkt nicht mehr als m Investments gleichzeitig durchgeführt werden. Es gibt auch Zeitintervalle, in denen man nur in weniger als m Investments investieren darf. Auf Grund eines beschränkten Budgets können bestimmte Investments nicht gleichzeitig durchgeführt werden. Ziel ist es, alle Projekte so durchzuführen, daß die erwarteten Erträge aus *allen* Investments so bald wie möglich eintreten.

Beispiel 4.5.3 Donald hat beim Silvester-Glücksspiel 96.000 Taler gewonnen. Noch am gleichen Abend hat er Daisy versprochen, ihr etwas Geld für drei Monate von März bis Mai zu leihen; seine drei Neffen möchte er ebenfalls nicht darben lassen und er verspricht ihnen einen Kredit für die gleiche Zeitdauer und zwar von April bis Juni. Donald freut sich riesig, endlich einmal Glück gehabt zu haben. Nun kann er sich ein eigenes Heim leisten, denkt er. Er hat sein Auge auf ein Haus geworfen, das 100.000 Taler kostet und in 20 Monaten verkauft werden soll.

4 Maßnahmeplanung

Auch längst vergessene, alte Bekannte haben von Donalds Glück gehört und möchten ihn gerne anpumpen. Ihm liegen Anfragen von acht Bekannten B_1 bis B_8 vor, die sich gerne Geld für (3, 4, 2, 4, 4, 2, 13, 2) Monate von ihm leihen würden. Der versprochene Zins würde ausreichen, um aus den 96.000 Talern die benötigten 100.000 Taler zu machen. Donald überschlägt die Kreditdauern und erkennt, daß wenn er in jedem Monat maximal zwei Kredite mit ausreichendem Zins realisieren würde, er in 20 Monaten die 100.000 Taler beisammen hätte. Ermutigt durch diese Erkenntnis schaut er sich die von den Bekannten gewünschten Beträge etwas genauer an. Er erstellt eine Liste, auf der er die acht Bekannten in der Reihenfolge seiner Sympathie notiert. Dabei bemerkt er, daß sich die gewünschten Kredite für B_1 und B_7, B_1 und B_8, B_3 und B_4, B_3 und B_5 sowie B_3 und B_6 in der Summe auf mehr als 96.000 Taler belaufen und sie somit nicht gleichzeitig vergeben werden können. Donald besinnt sich seiner Präferenzen, d.h. er möchte, daß, wenn immer möglich, der Bekannte mit einer niedrigeren Nummer seinen Kredit *vor* dem Bekannten mit einer höheren Nummer erhält. Donald überlegt und findet einen zulässigen Kreditvergabeplan, der seine Präferenzen im Rahmen der Möglichkeiten erfüllt. Er notiert das Ergebnis auf einer Liste, die zeigt, daß B_1 vor B_2 vor B_3 ... B_7 vor B_8 bedient werden, so weit die anderen Bedingungen es zulassen.

Was noch passiert

Daraufhin informiert er seine Bekannten und gibt ihnen eine *Zusage* für die im Kreditvergabeplan ausgewiesenen Zeitintervalle (vgl. Abbildung 4.5-1).

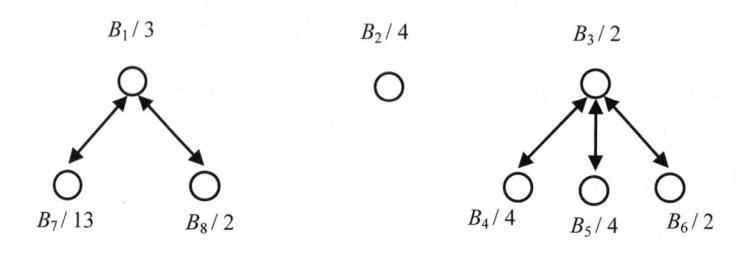

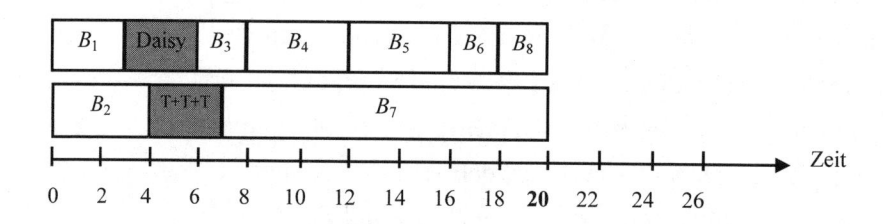

$B_1 / 3$ $B_2 / 4$ $B_3 / 2$

$B_7 / 13$ $B_8 / 2$ $B_4 / 4$ $B_5 / 4$ $B_6 / 2$

Abb. 4.5-1: Donalds Kreditvergabeplan

Kürzer ist länger

Donald erfährt, daß das Haus schon in 18 Monaten gekauft werden kann. Umgehend entscheidet er, die Kredite an Daisy und seine Neffen um jeweils zwei Monate zu verkürzen, so daß Daisy und die Neffen Kredit nur noch im März bzw. im Juni erhalten. Er glaubt, damit das Problem gelöst zu haben und erstellt den neuen Plan nach dem bekannten Vorgehen. Umso erstaunter ist er, daß seine Liste jetzt zu einem Kredit-

4 Maßnahmeplanung

vergabeplan führt, der 24 Monate umfaßt (vgl. Abbildung 4.5-2).

$$(B_1, B_2, B_3, B_4, B_5, B_6, B_7, B_8)$$

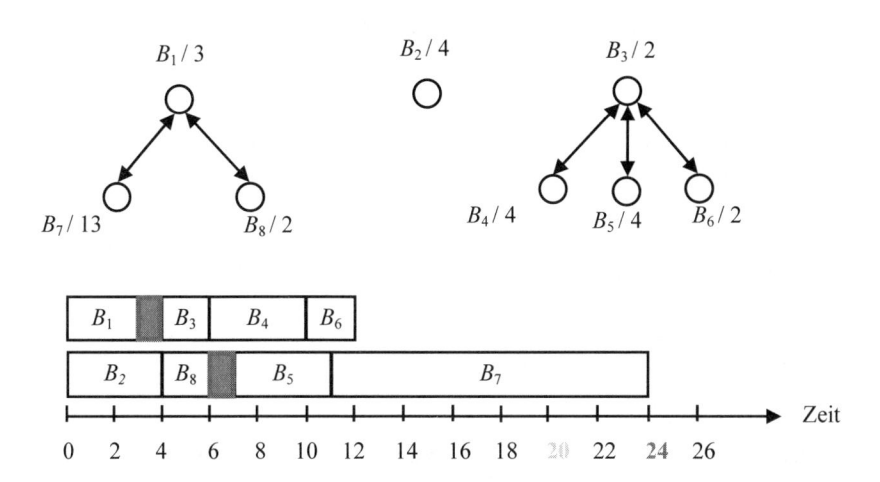

Abb. 4.5-2: Zwei Monate weniger für Daisy und die Neffen

Wenn die Verkürzung bei Daisy und den Neffen schon nicht zum Ziel führt, so hofft er vom folgenden Vorgehen eine Lösung. Er ist sich ganz sicher, daß, wenn er *jedem* der Bekannten die Kreditdauer um einen Monat kürzt, die 18 Monate eingehalten werden können; es hat nämlich vorher ausgerechnet, daß es dann insgesamt 8 Monate weniger sind, in denen ein Kredit vergeben wird. Umso größer ist die Überraschung, als er feststellt, daß seine Liste zu einem Kreditvergabeplan führt, der nun einen Zeitraum von 21 Monaten umfaßt (vgl. Abb. 4.5-3).

Kürzer bleibt länger

$(B_1, B_2, B_3, B_4, B_5, B_6, B_7, B_8)$

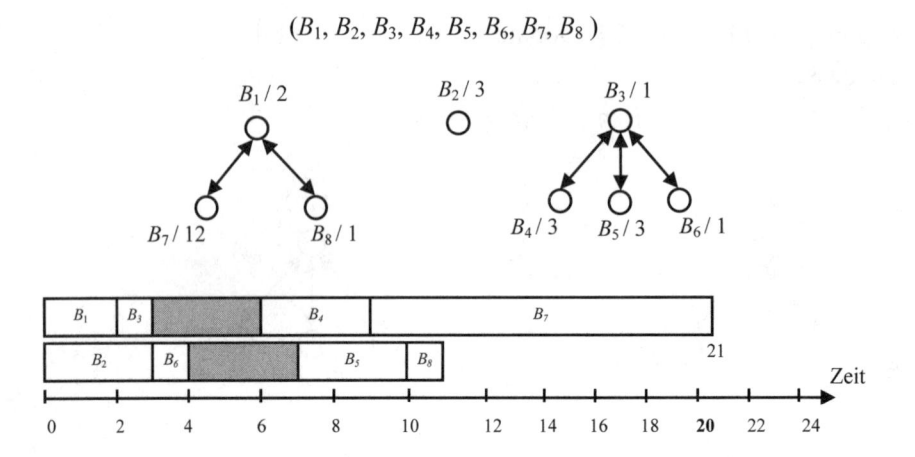

Abb. 4.5-3: Acht Monate weniger für die Bekannten

Mehr Flexibiliät bedeutet länger

Donald entscheidet, seinem Bekannten B_4 die Kreditsumme zu kürzen, so daß der Kredit für B_3 und B_4 in der Summe jetzt weniger als 96.000 Taler beträgt. Das schafft mehr Flexibilität, denkt er, da jetzt diese beiden Kredite auch gleichzeitig vergeben werden können. Leider zeigt sich auf dem Kreditvergabeplan jetzt eine Ausleihdauer von 23 Monaten (vgl. Abbildung 4.5-4).

Alles, was er bisher versucht hat, um eine zulässige Lösung zu erzeugen, ist entgegen seinen Erwartungen gescheitert. Umso schlimmer, die Lösung wurde sogar noch schlechter als die, mit der er begonnen hatte. Wie kann man sich erklären, daß eine Verkürzung

4 Maßnahmeplanung

der Kreditlaufzeiten und eine Verringerung der Kreditsumme zu schlechteren Lösungen führt?

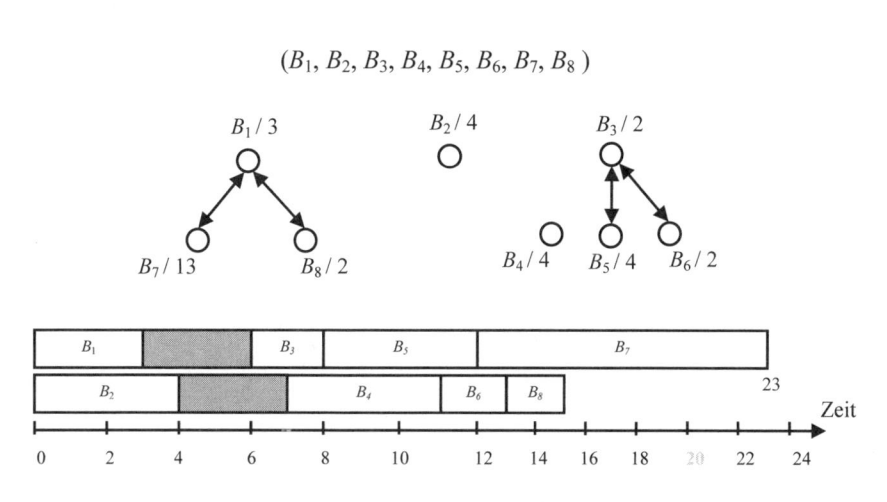

(B_1, B_2, B_3, B_4, B_5, B_6, B_7, B_8)

Abb. 4.5-4: Weniger Kredit für einen Bekannten

Wenn alles nichts hilft, ist Donald sogar bereit, sein Risiko zu erhöhen. Er entschließt sich, anstelle von zwei jetzt drei offene Kredite zu jedem Zeitpunkt zu akzeptieren außer in den Monaten März, April und Mai, für die weiterhin die Beschränkung von zwei offenen Krediten gilt, denn Donald ist abergläubisch. Seine neue Liste führt zu einem Kreditvergabeplan, der ihn verzweifeln läßt (vgl. Abbildung 4.5-5). Sollte der Traum vom eigenen Haus etwa scheitern?

Größeres Risiko bedeutet länger

Donald weiß nicht mehr weiter. Er wendet sich an Daniel Düsentrieb. Von ihm erfährt er, daß die Verlängerung auf 22 Monate ihn hätte gar nicht überraschen dürfen, da im schlechtesten Fall eine Verlängerung der Kreditvergabedauer um 1/3 hätte eintreten können, was für ihn dann eine Ausleihdauer von mehr als 25 Monate bedeutet hätte.

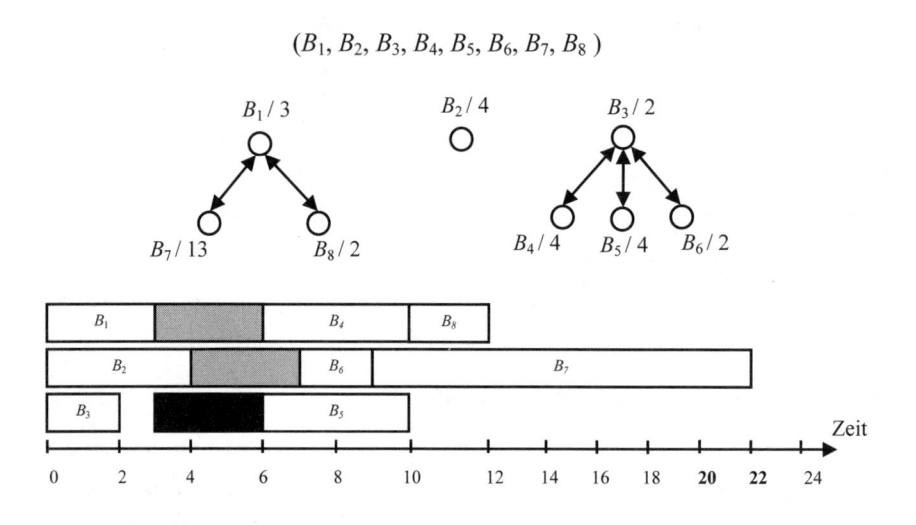

$(B_1, B_2, B_3, B_4, B_5, B_6, B_7, B_8)$

Abb. 4.5-5: Größeres Risiko für Donald

Daniel Düsentrieb beruhigt Donald mit den Worten, daß er gerade eine wichtige Erfindung für die persönliche Finanzplanung gemacht habe. In nur wenigen Sekunden ist das Kreditvergabeproblem zur großen Freude von Donald gelöst.

Literatur

[AK03] Amin,G., Kat,M., Hedge fund performance 1990-2000: do the "money machines" really add value?, *Journal of Financial and Quantitative Analysis* 38(2), 2003

[BGS99] Breuer, W., Gürtler, M., Schuhmacher, F., *Portfoliomanagement*, Gabler, 1999

[BEY98] Borodin,A., El-Yaniv,R., *Online Computation and Competitive Analysis*, University Press 1998

[Bit02] Bitz,M., *Finanzdienstleistungen*, Oldenbourg, 2002

[BS99] Böckhoff,M., Stracke,G., *Der Finanzplaner*, Sauer, 1999

[EG95] Elton,E., Gruber,M., *Modern Portfolio Theory and Investment Analysis*, Wiley, 1995

[GLS01] Gantenbein,P., Laternser,S., Spremann,K., *Anlageberatung und Portfoliomanagement*, 2. Auflage, NZZ, 2001

[Ger95] Gerloff,H., *Computerintegriertes Portfoliomanagement*, Oldenbourg,1995

[KW04] Kim,C., Won,C., A knowledge-based framework for incorporating investor's preference into portfolio decision-making, *Intelligent Systems in Accounting, Finance and Management* 12, 121-138, 2004

[Lyk02] Lyk,R., Anlageinstrumente und Finanzmärkte, Verlag SKV, 2002

[Mal99] Malkiel,B., *A Random Walk Down Wall Street*, Norton, 1999

[Mar52] Markowitz,H.M., Portfolio Selection, *Journal of Finance*, 77-91, 1952

[SA90] Sharpe,W.F., Alexander,G.J., *Investments*, Prentice Hall, 1990

[SB00] Steiner,M., Bruns,C., *Wertpapiermanagement*, Schäffer-Poeschel, 2000

[Tob58] Tobin, J., Liquidity preference as behaviour towards risk, *Review of Economic Studies* 25, 65-86, 1958

5 Überwachung

Die Phase der Überwachung bezieht sich im Kern auf zwei Bereiche, die Performanceanalyse sowie die Ertragsentnahme und Liquidation. Die Aufgabe der *Perfomanceanalyse* ist es, die in der Maßnahmenplanung getroffenen Entscheidungen zu überprüfen und mit Alternativen, sogenannten Benchmarks, zu vergleichen. Neben diesem Vergleich läßt sich aus der Performanceanalyse erkennen, ob die im Sollkonzept aufgestellten *Ziele* mit den in der Maßnahmenplanung getroffenen *Entscheidungen* auch erreicht worden sind bzw. in Zukunft noch erreicht werden können.

Zweck

Bei der *Ertragsentnahme und Liquidation* geht es um Überlegungen, wie man unter Beachtung des individuellen Lebenszyklus die Vermögensentwicklung an die Lebensentwicklung angleicht. Je älter man wird, desto weniger Vermögen benötigt man für den eigenen Bedarf. Möchte man Vermögen nicht weiter geben, so muß es, nachdem es schrittweise aufgebaut wurde, ab einem gewissen Lebensalter wieder schrittweise abgebaut werden. Dieses Vorgehen besteht aus zwei Phasen. In der ersten Phase wird das reale Wachstum des Vermögens beschränkt. In einer zweiten Phase geht man dazu über, das Vermögen Schritt für Schritt bis auf einen *Sicherheitsbestand* abzubauen. Im Idealfall hat man sein gesamtes Vermögen zu Ende des Lebenszyklus aufgebraucht.

Bezug zur Istaufnahme Bezogen auf den Geschäftsprozesses der persönlichen Finanzplanung kann die Phase der Überwachung des Durchlaufs n in die Phase der Istaufnahme des Durchlaufs $n+1$ übergehen. Ist die persönliche Finanzplanung ein sich kontinuierlich wiederholender Prozeß, so läßt sich nach der Maßnahmenplanung (30) die Perfomanceanalyse in die Istaufnahme (10) und Überlegungen zur Gewinnentnahme und Liquidation in das Sollkonzept integrieren. Die Überwachung der Prozeßausprägung n verschmilzt mit den entsprechenden Funktionen der sich anschließenden Ausprägung $n+1$ des Prozesses (vgl. Abbildung 5-1).

Für die Beschreibung der Aufgaben, die bei der Performanceanalyse sowie bei der Ertragsentnahme und Liquidation auszuführen sind, macht es jedoch keinen Unterschied, welche Phasenzuordnung diesen Aufgaben zugrunde liegt. Aus Gründen einer klareren Abgrenzung sollen hier diese Aufgaben im Rahmen einer eigenen Phase dargestellt werden.

5 Überwachung

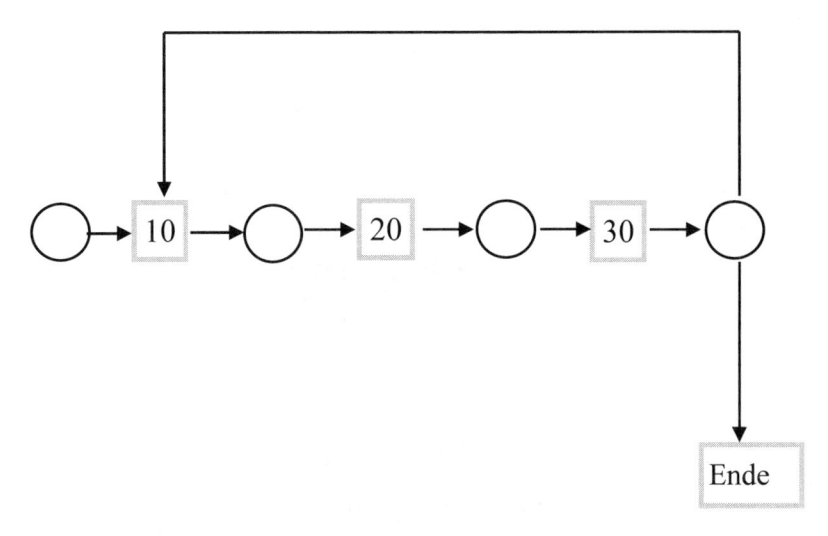

○ → [10] → ○ → [20] → ○ → [30] → ○

→ [Ende]

Abb. 5-1: Kontinuierliche persönliche Finanzplanung

5.1 Performanceanalyse

Performanceanalyse besteht in der Überwachung der relativen und absoluten Vermögensentwicklung und damit in der quantitativen Evaluation (Beurteilung) der im Rahmen der Maßnahmenplanung getroffenen Anlageentscheidungen (vgl. [SB00, 567ff], [Loi96, 545ff], [Ger95, 180ff], [EG95, 629ff], [SA90], [ZJ96], [BGS99, 142ff]. Im Mittelpunkt der Analyse stehen die *Messung* von *Rendite* und *Risiko* und die Ursachenfindung für die eingetretenen Resultate. Obwohl auch die

Ziel

Güte der Entscheidungen aus der Sicht der *Liquidität* von Bedeutung ist, tritt diese bei der Performanceanalyse (noch) in den Hintergrund.

Definitionen Unter *Performance* wird eine risikoadjustierte Rendite verstanden oder genauer [SB00, 568]

$$Performance = (Anlagerendite - Benchmarkrendite) / Risikomaß$$

Häufig wird die Performance eines Portfolios als Quotient von Rendite- und Risikodifferenz bezogen auf eine Benchmark-Anlage definiert, d.h.

$$Performance = (Anlagerendite - Benchmarkrendite) / (Anlagerisiko - Benchmarkrisiko)$$

Risikobezug Die häufig gebrauchten Begriffe Outperformance, Over- oder Underperformance beziehen sich also auf eine *risikoadjustierte Vergleichsrendite*, häufig abgeleitet aus Benchmarks, die entweder über- oder unterschritten wird. Die alleinige Betrachtung der Rendite ohne Einbeziehung des eingegangenen Risikos ist für die Performanceanalyse nicht hinreichend. Hat ein Portfolio einen Index nur aus Renditesicht geschlagen, ist diese Feststellung nicht hinreichend für eine Evaluation.

5 Überwachung

Um die Performance des eigenen Portfolios besser einschätzen zu können, braucht man also ein *Benchmark-Portfolio* als Vergleichsobjekt. Bei seiner Auswahl wird häufig gefordert, daß der Benchmark

Benchmark-Portfolio

- eine am Markt angebotene Anlagealternative ist, die vom Anleger auch erworben werden kann,

- hinreichend gut diversifiziert ist und

- bereits beim Treffen der Anlageentscheidungen im Rahmen der Maßnahmenplanung bekannt ist.

Häufig verwendete Benchmarks sind Marktindizes, die dem Wirtschaftsteil der Tagespresse entnommen werden können. Marktindizes lassen sich als nicht gemanagte Portfolios interpretieren. Der Aufwand für das Management von Portfolios ist nur dann gerechtfertigt, wenn die erreichte Performance abzüglich der Managementkosten besser als die Performance des zum Vergleich herangezogenen Marktindex ausfällt.

Die Performance bezieht sich immer auf eine Periode bzw. ein Zeitintervall $[t, t+1]$. Um die Performance zu bestimmen, müssen also zunächst Rendite und Risiko der jeweiligen Periode berechnet werden.

Rendite Die einfachste Art der Renditeberechnung ist es, die jeweiligen Stichtagsalden in zeitlich aufeinander folgenden Vermögensbilanzen zu vergleichen und daraus das Periodenergebnis (PE) zu ermitteln. Die Rendite im Zeitintervall [t, $t+1$] ergibt sich dann zu

Rendite (t,t+1) = (PE (t+1) - PE (t)) / PE (t).

Will man die Rendite einzelner Anlagen bestimmen, so muß das Anlageergebnis um *Kapitalzuflüsse* und *Kapitalabflüsse* bereinigt werden. Ein einfacher Vergleich von Vermögensanfangswert und Vermögensendwert ist bei auftretenden Kapitalbewegungen ungeeignet.

Interner Zinssatz Die Rendite eines Investments läßt sich (ex post) dann berechnen, wenn alle Aus- und Einzahlungen mit entsprechenden Terminen bekannt sind. Zur Berechnung stellt man eine Gleichung auf, bei der - auf einen gemeinsamen Zeitpunkt bezogen - alle Zahlungen diskontiert und gleich null gesetzt werden. Gesucht wird der Diskontierungszinssatz, der die Gleichung erfüllt. Dies ist das Vorgehen der *Methode des internen Zinssatzes*. Man muß also die folgende Gleichung nach dem Zinssatz r auflösen:

5 Überwachung

$$\sum_{t=0,\ldots,T} C_t / (1+r)^t = 0$$

C_t sind die verschiedenen Ein- und Auszahlungen im Zeitverlauf, die mit r diskontiert werden. C_0 ist die Auszahlung für die *Anfangsinvestition* und C_T die Einzahlung, die aus dem *Auflösen* der Investition folgt.

Beispiel 5.1.1

> Daisy hält schon seit geraumer Zeit ein Depot, das ausschließlich DD-Aktien enthält. Die Anzahl der Aktien hat sich über die Zeit sehr häufig verändert, da Daisy immer wieder Aktien verkauft, wenn sie liquide Mittel benötigt; andererseits kauft sie Aktien dazu, wenn sie zuviel Liquidität hat. Daisy möchte nun Wissen, welche Rendite ihr das Engagement in DD-Aktien in der vergangenen Zeit gebracht hat.

Zeitgewichtete Rendite

Eine weitere Möglichkeit, um Kapitalbewegungen zu berücksichtigen, ist die Bestimmung der *zeitgewichteten Rendite*. Dazu ist die Periode so in Zeitintervalle $[t, t+1]$ zu unterteilen, daß die Intervallgrenzen t und $t+1$ durch Zeitpunkte von Kapitalzuflüssen oder -abflüssen definiert werden. Für jedes der so gebildeten Intervalle wird dann eine Intervallrendite $r(t, t+1)$ unter Berücksichtigung des Investments (IV) berechnet.

$$r(t, t+1) = (Wert\,(t+1) - IV\,(t, t+1)) / IV\,(t, t+1)$$

mit

$IV(t, t+1) = Anfangsbestand(t) + Cash\ Flow(t, t+1)$

Für die Periode $[1,T]$ ergibt sich die *gesamte Rendite* $r(1,T)$

$r(1,T) = \Pi_{t=1,...,T-1}(1+r(r, t+1))-1$

Beispiel 5.1.2 Daisy möchte nun für ihr Depot, das ausschließlich aus DD-Aktien besteht, die zeitgewichtete Rendite von Donald berechnen lassen. Sie fragt sich, welchem Ergebnis sie mehr trauen kann, dem internen Zinssatz oder der zeitgewichteten Rendite.

Risiko Bevor die Risikoberechnung erfolgen kann, muß das zu verwendende Riskomaß ausgewählt werden. Grundsätzlich hat man die Möglichkeit das systematische und unsystematische *Gesamtrisiko* des Investments in die Betrachtung einzubeziehen oder sich nur auf das gegen die Diversifikation resistente *systematische Risiko* zu beschränken. Welches das geeignetere Risikomaß ist, wird vom Anwendungsfall entschieden. Gesamtrisiko wird normalerweise durch die *Varianz* bzw. Standardabweichung der Rendite repräsentiert; das systematische Risiko wird durch den *Beta-Faktor* gemessen.

5 Überwachung

Wir wollen die Diskussion hier auf die folgenden Alternativen beschränken:

Risikomaße

(1) Die *Volatilität* als Varianz oder Standardabweichung ist besonders geeignet, wenn die Renditen einer Normalverteilung folgen *oder* der Anleger einer quadratischen Nutzenfunktion folgt.
(2) Die *Semi-Varianz* betrachtet nur die Verlustgefahr (down side risk) und nicht die Gewinnchance (up side risk); sie wird durch den Absolutwert der Standardabweichung darstellt.
(3) Die *Ausfallwahrscheinlichkeit* gibt an, mit welcher Wahrscheinlichkeit eine bestimmte Rendite erzielt werden kann.

Benchmark

Bei der Auswahl des Benchmarks sind einige Anforderungen zu erfüllen. Er sollte

(1) einer kostengünstig erwerbbaren Anlagealternative entsprechen,
(2) gut diversifiziert und risikoadjustiert schwer zu schlagen sein,
(3) mit der Anlageentscheidung fixiert werden,
(4) den gleichen Restriktionen unterliegen wie das zu beurteilende Portfolio.

Marktindizes In der Praxis bedient man sich häufig prominenter Marktindizes als Benchmark. Sind verschiedene Vermögensklassen nach Entscheidungen durch die Asset Allocation in einem privaten Portfolio enthalten, so sollten die im Benchmark verwendeten Marktindizes wie die Vermögensklassen in dem Portfolio gewichtet sein. Auch das Währungsrisiko sollte bei der Benchmarkauswahl berücksichtigt werden. Für Aktienportfolios sind die folgenden Indizes als Benchmark geeignet (vgl. [SB00, 578]).

Deutsche Aktien	DAX, CDAX
Europäische Aktien:	DJ Euro STOXX 50, DJ STOXX 50, FTSE Eurotop 100
US-Aktien:	DJ Industrial Average, S&P 500, Nasdaq
Internationale Aktien:	Morgan Stanley Capital International (MSCI) Indizes

Performancemaße Hat man Rendite und Risiko bestimmt, so läßt sich zu jedem Portfolio ein Vergleichsportfolio bestimmen, indem man entweder ein solches mit gleichem Risiko betrachtet und die erzielten Renditen vergleicht oder ein solches mit gleicher Rendite betrachtet und die eingegangenen Risiken vergleicht. Hat man ein Benchmark-Portfolio ausgewält, läßt sich die Performance der Anlage berechnen. Die bekanntesten Performancemaße sind die von Sharpe, Treynor und Jensen.

Sharpe Ratio

Die *Sharpe Ratio* ist ein relatives Maß und beschreibt die Risikoprämie. Dazu wird die Portfoliorendite R_P mit der Rendite r einer risikolosen Anlage verglichen und das Ergebnis (Excess Return) der Standardabweichung der Portfoliorendite σ_P gegenübergestellt:

$$SR_P = (R_P - r) / \sigma_P$$

Die Sharpe Ratio bezieht sich auf das *Gesamtrisiko* (systematisches und unsystematisches Risiko) einer Anlage. Je größer das eingegangene Risiko ist, desto größer muß die Portfoliorendite werden oder desto geringer muß der risikolose Zins sein. Die Sharpe Ratio wird für das Benchmark-Portfolio und das zu analysierende Portfolio berechnet. Die Portfolioperformance ist umso besser, je größer der Wert der Sharpe Ratio ist.

Treynor Ratio

Die *Treynor Ratio* ist ebenfalls ein relatives Maß und bezieht sich nur auf das *systematische Risiko* (nicht diversifizierbares Marktrisiko) einer Anlage, ausgedrückt durch den Beta-Faktor des Portfolios bezogen auf das Benchmarkportfolio. Sie gibt an, wie hoch der Excess

Return pro Einheit des übernommenen systematischen Risikos ist.

$$TR_P = (R_P - r) / \beta_P$$

Auch die Treynor Ratio wird für das Benchmark-Portfolio und das zu analysierende Portfolio berechnet. Die Portfolioperformance ist umso besser je größer der Wert der Treynor Ratio ist.

Jensen Ratio Die *Jensen Ratio* ist ein *absolutes* Maß (Jensen-Alpha) zur Performanceanalyse:

$$JR_P = (R_P - r) - (R_{BM} - r) * \beta_P + \varepsilon_P$$

R_{BM} ist die Rendite des Benchmark-Portfolios und ε_P der stochastische Störterm der Regressionsgleichung (vertikale Abweichung der Punkte der Regression von der Regressionsgleichung), mit der die Jensen Ratio berechnet wird. $(R_{BM} - r) * \beta_P$ entspricht dem erwarteten Excess Return auf Basis des Benchmark-Portfolios und $(R_P - r)$ entspricht dem mit dem Portfolio erzielten Excess Return.

Beispiel 5.1.3

Nachdem Daisy die zeitgewichtete Rendite und das mit ihren DD-Aktien eingegangene Risiko bestimmt hat, ruft sie Donald an und bittet ihn, das Ergebnis einer kritischen Performanceanalyse zu unterziehen. Als Benchmark schlägt sie den Entenhausender Börsenindex (EBI) vor.

Performanceattributierung

Die Performancemessung sagt noch nichts über die *Ursachen* des Erfolgs oder Mißerfolgs aus. Um zu solchen Aussagen zu kommen, ist eine *Performanceattributierung* bzw. eine Einflußgrößenrechnung auf Basis eines Multifaktormodells mit Hilfe multipler Regression vorzunehmen. Einflußfaktoren sind Auswahl, Timing und Glück.

Ein signifikant positives Jensen-Alpha bedeutet ein überdurchschnittliches *Auswahlergebnis*. Dieses wird beispielsweise erreicht, wenn man es schafft bei der Kaufentscheidung unterbewertete Titel zu wählen, die später im Wert steigen. Ein über dem Durchschnitt liegendes Auswahlergebnis kann man nur erzielen, wenn man gegenüber dem Markt über einen Informationsvorsprung verfügt, den man im Rahmen der Investmentanalyse nutzen kann. Jedoch steht diese Möglichkeit im Widerspruch zur Hypothese effizienter Kapitalmärkte, bei denen keine Informationsvorsprünge existieren, d.h. daß es keine über- und unterbewerteten Anlageobjekte geben kann.

Timing   Beim *Timing* geht es um die Einschätzung von Marktentwicklungen aus zeitlicher Sicht. Beispielsweise ist es bei abwärtsgerichteten Entwicklungen vorteilhaft risikolose Anlagen zu tätigen, die dann bei steigenden Märkten wieder aufgelöst werden. Hierbei geht es weniger um das Anlageobjekt als den Zeitpunkt der Kauf- bzw. Verkaufentscheidung. Idealerweise nimmt ein Portfolio an jeder Aufwärtsbewegung teil und vermeidet jede Abwärtsbewegung ohne daß Absicherungsmaßnahmen getroffen werden müssen. Hilfestellung bei der Lösung dieser Aufgabe bieten *online-Algorithmen*.

Bleibt noch eine dritte Ursache für Erfolg oder Mißerfolg, der Zufall in Form von Glück oder Pech. Insbesondere bei effizienten Märkten ist das Schlagen eines Benchmarks auf Glück zurückzuführen. Welche Mächtigkeit der Zufall hat, läßt sich durch die Analyse von *randomisierten* Algorithmen erkennen.

Konsequenzen   Eng mit der Performanceanalyse verbunden, ist die Reaktion auf die offengelegten Ergebnisse und ein etwaiger Rücksprung in die Maßnahmenplanung und vielleicht auch in das Sollkonzept. Eine oft genannte

5 Überwachung

Strategie im Rahmen der Überwachung, ist der Vorschlag, Verluste abzuschneiden und Gewinne laufen zu lassen. Wie man jedoch aus verhaltenstheoretischen Erkenntnissen weiß, fällt es vielen Anlegern schwer, sich mit Verlusten abzufinden und sie durch Verkauf der entsprechenden Vermögensobjekte abzuschneiden.

Umgekehrt gilt auch, daß Gewinne zu früh mitgenommen werden. Welcher Strategie man auch im Rahmen der Überwachung folgen mag, so ist es immer wichtig aus der Performancemessung Konsequenzen zu ziehen. Dies kann im Ergebnis bedeuten, daß man alles beim Alten läßt, aber auch, daß Sollkonzept und Maßnahmenplanung überarbeitet werden müssen.

5.2 Gewinnentnahme und Liquidation

Unabhängig von den Ergebnissen der Performanceanalyse, ist über Gewinnentnahme und Liquidation aus dem aktuellen Vermögen zu entscheiden. Zu diesem Zweck muß man das individuelle *Zeitpunktkapital* mit seinen Ausprägungen *Deckungskapital* und *Sparkapital* kennen.

Ziel

Die Berechnung der beiden Kapitalarten war schon Gegenstand des Sollkonzepts aus Sicht des Kapitalaufbaus. In diesem Teil geht es um den Kapitalabbau. Zu diesem Zweck werden hier noch mal die wesentlichen Konzepte zur Ermittlung von Deckungs- und Sparkapital wiederholt.

Das Deckungskapital ist das Kapital, was bis zum erwarteten Lebensende zur Lebensführung benötigt wird. Das Sparkapital ist das Kapital, was bisher angespart wurde; es entspricht dem aktuellen Nettovermögen. Es wäre hilfreich zu wissen, welche Funktionen die Höhe des Deckungskapitals und die Höhe des Sparkapitals in Abhängigkeit vom Lebensalter abbilden. Für beide Funktionen ist zunächst jeweils ein Wert bekannt:

Deckungskapital Sparkapital

(1) für das Deckungskapital ist dies der Kapitalbetrag, den man bei seinem Ableben seinen Erben hinterlassen will und

(2) für das Sparkapital ist dies der Kapitalbetrag, den man bei der Geburt übernimmt.

Die anderen Werte beider Funktionen, die jedem Lebensalter ein gewünschtes Deckungs- und Sparkapital zuordnen, sind noch zu bestimmen. Dies ist auch die Aufgabe der Planung von Gewinnentnahme und Liquidation.

5.2.1 Gewinnentnahme

Gewinnentnahme bezieht sich auf die Entnahme von *laufenden* Nettoerträgen bzw. Gewinnen eines Vermögens. Durch die Gewinnentnahme wird die bei der Aufstellung der Vermögensplanbilanz im Rahmen der Asset Allocation fixierte Zusammensetzung des Vermögens nicht geändert. Da nur die Gewinne aus Wertveränderungen sowie Zinsen, Dividenden, Mieten etc. entnommen werden, ändert sich an der im Sollkonzept vorgenommenen Capital und Asset Allocation nichts. Wir wollen nun *Vermögensgewinn* als die auf zwei Stichtage t und $t+1$ bezogene Differenz von Anfangswert eines Vermögensobjekts zum Stichtag t zuzüglich des mit ihm erzielten laufenden Gewinns in Periode (t, $t+1$) und dem Endwert des Vermögensobjekts zum Stichtag $t+1$ definieren. Die Gewinnentnahme ist nie größer als der Vermögensgewinn.

Gewinnentnahme $(t+1) \leq$
Wert Vermögensobjekt $(t+1)$ +
Periodengewinn aus Vermögensobjekt $(t, t+1)$ −
Wert Vermögensobjekt (t)

Ob Gewinn entnommen oder besser wieder investiert werden sollte, ist abhängig sowohl vom bisher gebildeten Sparkapital als auch von dem für die verbleibende Lebenserwartung noch benötigten Deckungs-

Investition oder Konsum

kapital. Benötigtes Deckungskapital und zu bildendes Sparkapital sind in ihrer Höhe abhängig vom Lebensalter.

Bei der Geburt hat man den größten Bedarf an Deckungskapital für die zukünftige persönliche Lebensführung. Mit jedem weiteren Lebensjahr verringert sich der Bedarf kontinuierlich bis er mit Eintritt des Todes auf null sinkt. Mit dem Sparkapital ist es umgekehrt; im Allgemeinen liegt bei der Geburt das geringste Sparkapital vor, das dann im weiteren Verlauf des Lebens kontinuierlich ansteigt. Ein idealisierter Verlauf von Deckungskapital und Sparkapital ist in Abbildung 5.1-1 dargestellt.

Solche wie in der Abbildung dargestellten linearen Verläufe von Deckungskapital und Sparkapital kommen in der Realität äußerst selten vor. Trotzdem sind sie geeignet, die folgenden Überlegungen aus einer vereinfachten Perspektive zu illustrieren. Verallgemeinerungen des linearen Falles auf andere Funktionsverläufe sind möglich.

5 Überwachung

W(x)
S(x)

Reales Deckungskapital

Reales Sparkapital

Versorgungslücke

Versorgungspuffer

Lebensalter *x*

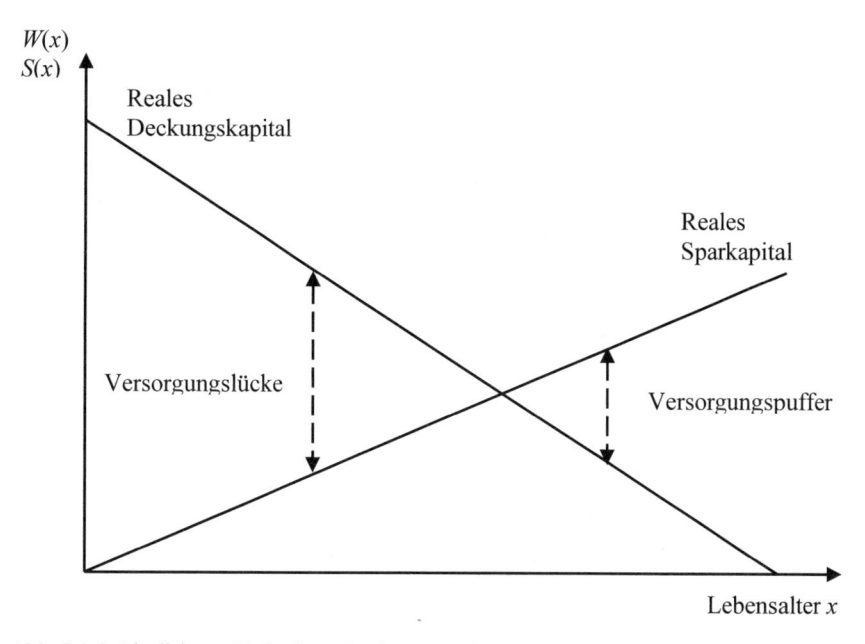

Abb. 5.1-1: Idealisierter Verlauf von Deckungs- und Sparkapital

Das Deckungskapital W und das Sparkapital S sind eine Funktion des Lebensalters x, d.h. zu jedem Lebensalter x läßt sich die individuelle Höhe von W und S angeben. Für alle x, für die $W(x) > S(x)$ ist, existiert eine *Versorgungslücke*; ist $W(x) < S(x)$ liegt ein *Versorgungspuffer* vor. Gibt es ein Lebensalter x, für das gilt $W(x) = S(x)$, so hat die Sparleistung dazu geführt, daß das benötigte Deckungskapital für die restliche Lebensdauer in diesem Alter unter den *aktuellen* finanziellen Randbedingungen verfügbar ist. Dies ist aber keine Garantie, daß dies für alle zukünftigen Zeit-

Versorgungslücke
Versorgungspuffer

punkte bis zum Lebensende auch gelten muß, da sich die finanziellen Verhältnisse ändern können.

Eine Gewinnentnahme bietet sich immer dann an, wenn das reale Sparkapital größer ist als das benötigte Deckungskapital. In diesem Fall wird durch die Entnahme der Versorgungspuffer verringert.

Gewinnentnahme $(t) \leq$ *Sparkapital* (t) - *Deckungskapital* (t)

Ermittlung der Funktionen

Die Kurven für das reale Deckungskapital und das reale Sparkapital müssen entsprechend der persönlichen Gegebenheiten bestimmt werden. Lineare Funktionen, wie in Abbildung 5.1-1 dargestellt, können nicht immer unterstellt werden. Der Verlauf der beiden Kurven ist von mehreren Einflußgrößen abhängig, darunter auch

- Lebenshaltungskosten,
- Sparbeträge,
- Inflationsrate,
- Zinssatz bzw. Rendite und
- Steuersatz.

Einflußmöglichkeiten

Unter Berücksichtigung dieser Einflußgrößen hat man beispielsweise die folgenden Manipulationsmöglichkeiten:

(1) Senkt man die Lebenshaltungskosten, so kann für $W(x)$ der Achsabschnitt und die Steigung verringert werden.
(2) Erhöht man den Sparbetrag, so kann für $S(x)$ die Steigung erhöht werden, mit der Tendenz, daß die Kurve für Sparkapital $S(x)$ die Kurve für das Deckungskapital $W(x)$ früher schneidet.
(3) Eine Erhöhung der Inflationsrate senkt die Steigung beider Kurven.
(4) Eine Erhöhung des Steuersatzes senkt die Steigung beider Kurven.
(5) Eine Erhöhung des Habenzinssatzes bzw. der Rendite erhöht die Steigung der Kurve für das Sparkapital $S(x)$.

Beispiel

In Abbildung 5.1-2 sind nur die Teile der Funktionen $W(x)$ und $S(x)$ dargestellt, die sich auf Werte für x größer oder gleich dem aktuellen Lebensalter x_1 beziehen. Im Alter von x_2 ist das erste Mal Gleichheit von $W(x)$ und $S(x)$ erreicht, d.h. das gebildete reale Sparkapital reicht zu diesem Zeitpunkt aus, um den zukünftigen Lebensunterhalt bis zum erwarteten Lebensende zu decken. Um eine Absicherung gegenüber nicht planbaren Abweichungen des benötigten Deckungskapitals einzugehen, wird das Sparkapital weiter bis zum Alter x_3 erhöht, um dann kontinuierlich bis zum erwarteten

Lebensende x_4 abgebaut zu werden. Ein Versorgungspuffer bleibt im Intervall [x_2, x_4] erhalten. Bei diesem Beispiel wird kein Vermögen am erwarteten Lebensende weitergegeben.

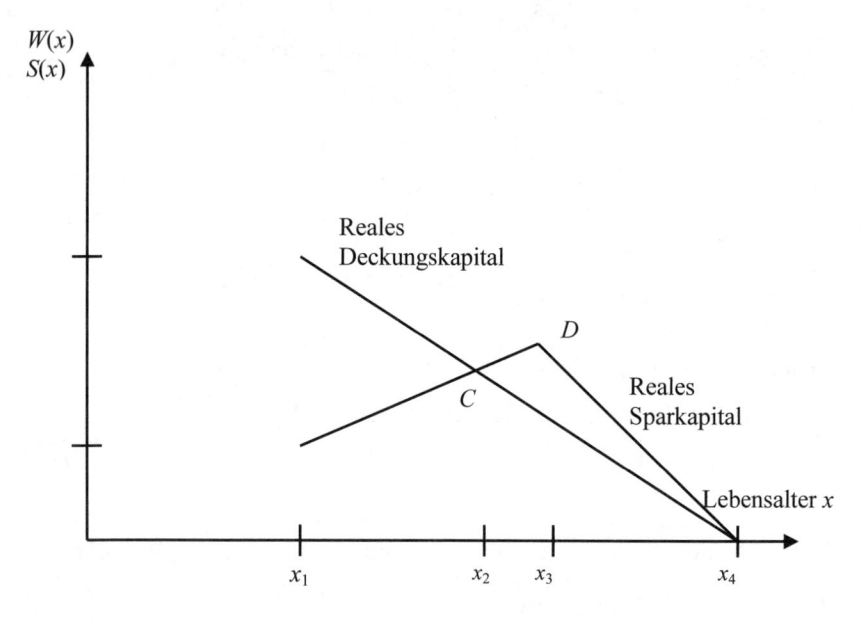

Abb. 5.1-2: Abgekürzter Verlauf von Deckungs- und Sparkapital

Beispiel 5.2.1 Daisy möchte gerne wissen, ab wann sie den Gewinn aus ihrem Vermögen verjubeln kann. Dazu möchte sie ausgehend von ihrem bereits vorhandenen Vermögen, die Entwicklung von Sparkapital und Deckungskapital im Zeitverlauf abbilden. Besonders interessiert sie sich für die Frage, ab wann $S(x) \geq W(x)$ ist. Sie beauftragt Donald, ihr die entsprechenden Kalkulationen für unterschiedliche Szenarien bezüglich Lebenshaltungskosten, Sparbeträgen, Inflationsraten, Habenzinssätzen und Steuersätzen vorzulegen.

In Abbildung 5.1-3 ist ein beispielhafter Verlauf der Funktionen $W(x)$ und $S(x)$ über dem gesamten Lebenszyklus dargestellt. Die Knicke in der Funktion des realen Deckungskapitals $W(x)$ können beispielsweise von unterschiedlichen Lebenshaltungskosten in verschiedenen Lebensphasen verursacht sein. Am Ende des Lebenszyklus soll Kapital erhalten bleiben.

Die abgebildete Person ist schon bei ihrer Geburt mit Nettovermögen, das ihr beispielsweise durch ein Erbe übertragen wurde, ausgestattet. Der sprunghafte Verlauf der Funktion des Sparkapitals kann durch unterschiedliche Sparbeträge und notwendige Liquidationen in den entsprechenden Lebensphasen verursacht sein. Die Kurve, die das Deckungskapital beschreibt, verläuft vergleichsweise sprungarm. Am Ende des Lebenszyklus bleibt positives Sparkapital zurück. Das benötigte Deckungskapital sinkt zu Lebensende auf null. In diesem Beispiel gibt es drei Schnittpunkte beider Funktionen, zu denen das reale Deckungskapital dem realen Sparkapital entspricht.

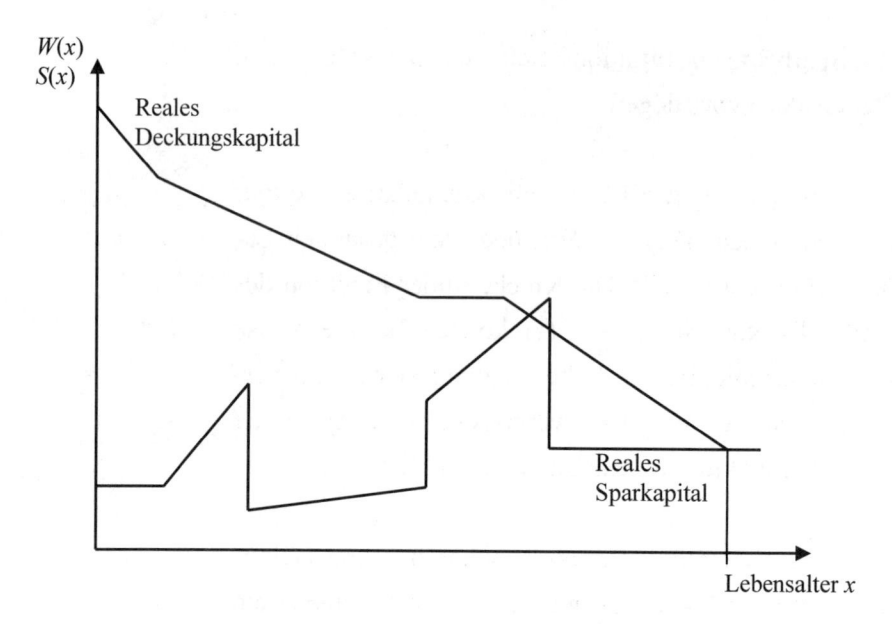

Abb. 5.1-3: Personalisierter Verlauf von Deckungs- und Sparkapital

5.2.2 Liquidation

Es kann auch vorkommen, daß vom Vermögen mehr als der erwirtschaftete Gewinn entnommen wird. In solchen Fällen, in denen das Nettovermögen zum Zeitpunkt t bezogen auf den Zeitpunkt $t+1$ real abnimmt, wird bei der Entnahme von *Liquidation* gesprochen. Nun gibt es zwei Arten der Liquidation; solche, bei denen vor oder nach der Liquidation das Sparkapital das Deckungskapital unterschreitet ($S(x) < W(x)$), und solche bei denen nach der Liquidation das Sparkapital das Deckungskapital immer noch deckt ($S(x) \geq W(x)$). Im ersten Fall soll von einer *Lücken-Liquidation*, im zweiten Fall von einer *Puffer-Liquidation* gesprochen werden.

Liquidation bedeutet in beiden Fällen, Vermögen aufzulösen. Wird dabei benötigtes Deckungskapital aufgezehrt, entsteht eine Versorgungslücke neu oder eine bereits vorhandene Versorgungslücke wird vergrößert. Wird eine Liquidation durchgeführt, so wird in jedem Fall aktuelles Sparkapital verringert.

Lücken-Liquidation

Ist das reale Sparkapital größer als das benötigte reale Deckungskapital und erwartet man, daß die laufenden Gewinne diese Relation garantieren, kann man an eine *Puffer-Liquidation* denken. Da zukünftige Erwartungen aber unsicher sind, liegt es nahe, einen Versorgungspuffer beizubehalten. Wie hoch dieser Puffer gemessen im Verhältnis zum benötigten Deckungskapital zu jedem Zeitpunkt sein sollte, hängt von der persönlichen Risikoneigung ab. Risikoaverse Personen werden einen größeren Puffer wünschen als risikofreudige. In Abbildung 5.1-4 ist diese Situation dargestellt.

Puffer-Liquidation

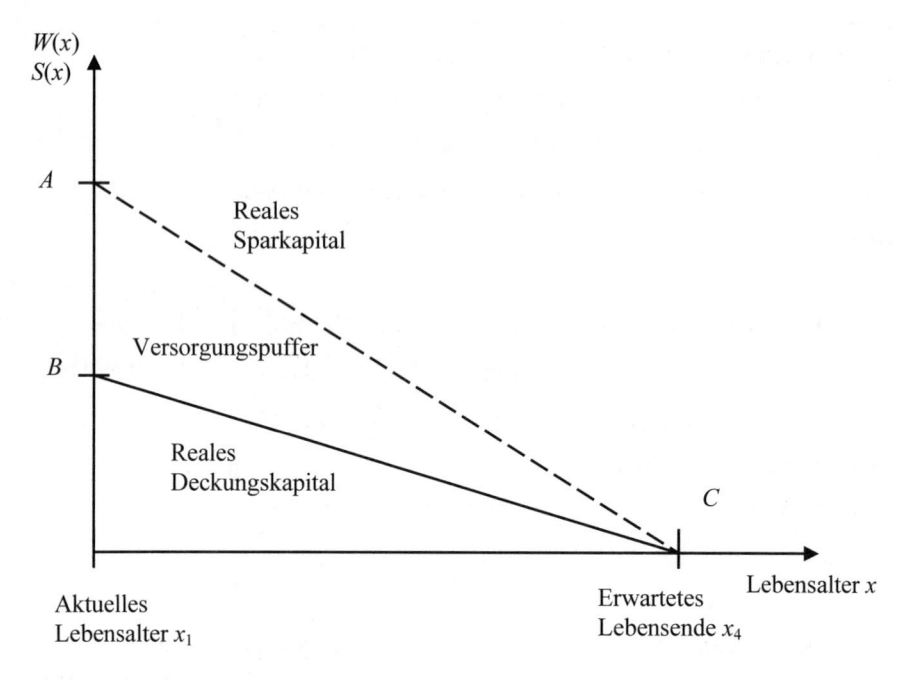

```
W(x)
S(x)

A ┤- - - - Reales
            Sparkapital

    Versorgungspuffer
B ┤- - - - - - - - -
    Reales
    Deckungskapital
                              C
                                    Lebensalter x
Aktuelles              Erwartetes
Lebensalter x₁         Lebensende x₄
```

Abb. 5.1-4: Deckungs- und Sparkapital mit Versorgungspuffer

Prozentuales Kapital

Der Prozentsatz $s(x) = [S(x) / W(x)] - 1$ des Versorgungspuffers wird unter Maßgabe des aktuellen Lebensalters festgelegt. Dieser Prozentsatz wird Grundlage der Planung bis zum erwarteten Lebensende, d.h. $s(x)$=const. Zur Konstruktion der beiden linearen Funktionen $W(x)$ und $S(x)$ benötigt man jeweils zwei Punkte. Beiden Funktionen gemeinsam ist es, daß zum erwarteten Lebensende Deckungskapital wie auch Sparkapital den Wert null annehmen sollen. Für $W(x)$ ist für $x = 0$ das benötigte Deckungskapital bis zum erwarteten Lebensende bekannt. Multipliziert man diesen Wert mit dem angenommenen Prozentsatz $s(x)$ so erhält man das benötigte Sparkapital. Mit Hilfe dieser Punkte lassen sich beide Funktionen konstruieren und damit für jedes Lebensalter x das benötigte Sparkapital berechnen. Der Versorgungspuffer in Höhe von $s(x)$ wird für die gesamte Laufzeit eingehalten.

Daisy ist aufgrund unsicherer Zukunftsaussichten vorsichtig geworden. Sie möchte nun von Donald wissen, welches Sparkapital sie zu jedem Zeitpunkt in der Zukunft halten sollte, wenn das Deckungskapital durch einen vorgegebenen Versorgungspuffer abgesichert werden soll.	Beispiel 5.2.2

Ausgelöst durch nicht planbare Lebensereignisse kann die Notwendigkeit einer *Lücken-Liquidation* eintreten. Wie bereits bei den Ausführungen zum Vorsorgekonzept besprochen, sollten Lücken-Liquidationen durch den Abschluß von Versicherungen weitestgehend vermindert werden. Läßt sich eine solche Liquidation trotzdem nicht vermeiden, bedeutet dies meistens auch eine Absenkung des Lebensstandards für die Lebensphasen, in denen die Versorgungslücke besteht. Eine Absenkung des Lebensstandards bedeutet nichts anderes als eine Verringerung der Steigung der Kurve des realen Deckungskapitals $W(x)$.

Lücken-Liquidation

**Vermögens-
planbilanz**

So wie die relativen Anteile der Vermögensklassen im Portfolio im Sollkonzept bei der Asset Allocation in Abhängigkeit vom Lebensalter festgelegt werden, sollten für die Planung von Gewinnentnahmen und Liquidation auch hier die entsprechenden Anteile festgelegt werden. Für jedes Vermögensobjekt ist der Anteil festzulegen, der liquidiert werden soll. Man steht also im Rahmen der Liquidation vor dem Problem, eine neue Vermögensplanbilanz zu erstellen. Dies bedeutet den Beginn einer neuen Iteration im Prozeß der persönlichen Finanzplanung.

**Kapital
oder Rente**

Manchmal fallen auch Gewinnentnahme und Liquidation aus einem Vermögensobjekt zusammen. Beispiele dafür sind fällig gewordene Versicherungen, bei denen während der Laufzeit angefallene Gewinne thesauriert wurden. Endet der Versicherungsvertrag, besteht häufig die Alternative, sich entweder das angesammelte Kapital in einer Summe oder lebenslang als Rente auszahlen zu lassen. Das Kriterium, das der Beantwortung dieser Frage zugrunde liegt, ist natürlich die Dauer der erwarteten Rentenzahlung. Darüber hinaus spielen auch oftmals steuerliche Gesichtspunkte eine Rolle. Da sich steuerliche Randbedingungen aber häufig ändern, wollen wir hier nur die erwarteten Rentenzahlungen als Entscheidungskriterium berücksichtigen.

> Daisy erhält ein Schreiben von ihrer privaten Rentenversicherung, daß der Versicherungsvertrag erfüllt ist und in einem Monat ausläuft. In dem Schreiben wird Daisy auch gefragt, ob sie eine Kapitalabfindung oder eine lebenslange Rente möchte. Daisy hofft, Donald kann ihr bei der Beantwortung der Frage weiterhelfen.

Beispiel 5.2.3

Literatur

[BGS99]   Breuer, W., Gürtler, M., Schuhmacher, F., *Portfoliomanagement*, Gabler, 1999

[EG95]   Elton, E., Gruber, M., *Modern Portfolio Theory and Investment Analysis*, Wiley, 1995

[Ger95]   Gerloff, H., *Computerintegriertes Portfoliomanagement*, Oldenbourg, 1995

[Loi96]   Loistl, O., *Computergestütztes Wertpapiermanagement*, Oldenbourg, 1996

[SA90]   Sharpe, W.F., Alexander, G.J., *Investments*, Prentice Hall, 1990

[SB00]   Steiner, M., Bruns, C., *Wertpapiermanagement*, Schäffer-Poeschel, 2000

[ZJ96]   Zimmermann, R., Jaeger, Z-W., *Modern Performance Measurement*, Haupt, 1996

Literaturverzeichnis

[AK03] Amin, G., Kat, M., Hedge fund performance 1990-2000: do the "money machines" really add value?, *Journal of Financial and Quantitative Analysis* 38(2), 2003

[BDS97] Bea, F., Dichtl, E., Schweitzer, M., *Allgemeine Betriebswirtschaftslehre, Band 3: Leistungsprozeß*, Lucius & Lucius, 1997

[BEY98] Borodin, A., El-Yaniv, R., *Online Computation and Competitive Analysis*, University Press 1998

[BGS99] Breuer, W., Gürtler, M., Schuhmacher, F., *Portfoliomanagement*, Gabler, 1999

[BH95] Berens, W., Hoffjan, A., Wertermittlung von Immobilien auf Basis vollständiger Finanzpläne, *ZfbF* 47 (4), 1995, 373-395

[Bit02] Bitz, M., *Finanzdienstleistungen*, Oldenbourg, 2002

[BS99] Böckhoff, M., Stracke, G., *Der Finanzplaner*, Sauer, 1999

[BS98] Bernus, P., Schmidt, G., Architectures of Information Systems, in Bernus, P., Mertins, K., Schmidt, G. (eds), *Handbook on Architectures of Information System*s, 1-9, Springer, 1998

[BK04] Braun, O., Kramer, S., Vergleichende Untersuchung von Tools zur privaten Finanzplanung, in: *Impulse der Wirtschaftsinformatik*, Physica, 2004, 119-133

[Bon03] Bongartz, U., Erfolgreiche Private Banking-Strategien: Die Exklusiven und die Schnellen, *Die Bank* 5, 306-310, 2003

[CR99] Chieffe, N., Rakes, G., An integrated model for financial planning, *Financial Services Review* 8(4), 261-168, 1999

[EG95]　　Elton, E., Gruber, M., *Modern Portfolio Theory and Investment Analysis*, Wiley, 1995

[Ger95]　　Gerloff, H., *Computerintegriertes Portfoliomanagement*, Oldenbourg, 1995

[GLS01]　　Gantenbein, P., Laternser, S., Spremann, K., *Anlageberatung und Portfoliomanagement*, 2. Auflage, NZZ, 2001

[HR00]　　Hallmann, V., Rosenbloom, J., *Personal Financial Planning*, McGraw-Hill, 2000

[Klo98]　　Kloepfer, J., *Marketing für die Private Finanzplanung*, Wiesbaden, 1998

[Kru99]　　Kruschev, W., *Private Finanzplanung*, Gabler, 1999

[KW04]　　Kim, C., Won, C., A knowledge-based framework for incorporating investor's preference into portfolio decision-making, *Intelligent Systems in Accounting, Finance and Management* 12, 121-138, 2004

[Loi96]　　Loistl, O., *Computergestütztes Wertpapiermanagement*, Oldenbourg, 1996

[Lyk02]　　Lyk, R., Anlageinstrumente und Finanzmärkte, Verlag SKV, 2002

[Mal99]　　Malkiel, B., *A Random Walk Down Wall Street*, Norton, 1999

[Mar52]　　Markowitz, H.M., Portfolio Selection, *Journal of Finance*, 77-91, 1952

[Ric03]　　Richter, J., Entwicklungen im Financial Planning, *Banking and Information Technology* 4(1), 9-14, 2003

[SA90]	Sharpe, W.F., Alexander, G.J., *Investments*, Prentice Hall, 1990
[SB00]	Steiner, M., Bruns, C., *Wertpapiermanagement*, Schäffer-Poeschel, 2000
[Sch99]	Schmidt, G., *Informationsmanagement*, Springer, 1999
[Spr99]	Spremann, K., *Vermögensverwaltung*, Oldenbourg, 1999
[Stä01]	Stähler, P., *Geschäftsmodelle in der digitalen Ökonomie: Merkmale, Strategien und Auswirkungen*, Köln-Lohmar, 2001
[Ste03]	Steiner, J., Meilensteine auf dem Weg zu einem erfolgreichen Financial Planning im Privatkundengeschäft, *Banking and Information Technology* 4(1), 15-24, 2003
[TG03]	Trahan, E., Gitman, L., The corporate market for personal financial planning services benefits, *Financial Services Review* 12, 1-8, 2003
[Tob58]	Tobin, J., Liquidity preference as behaviour towards risk, *Review of Economic Studies* 25, 65-86, 1958
[Wöh00]	Wöhe, G., *Einführung in die Allgemeine Betriebswirtschaftslehre*, Vahlen, 2000
[WK02]	Wöhe, G., Kußmaul, H., *Grundzüge der Buchführung und Bilanztechnik*, Vahlen, 2002
[ZJ96]	Zimmermann, R., Jaeger, Z-W., *Modern Performance Measurement*, Haupt, 1996

Abgabenseite
Asset Allocation

Planungsprozess

Capital Allocation
Cash Flow Management

Eigenkapital
 – Preis
 – Verzinsung

EVICS
Eigene Aktie
Eigenkapitalmodell

Fremdkapital

Lebensstandard

Multi portfolio

Rentabilität

(Kennzahlensystem)

Versorgungspflichten

Index

Aktie 186, 220
Aktiva 43, 48, 49, 159
Anlagevermögen 43
Anleihe 188, 221
Aufwand 37, 67, 70
Ausgabe 35, 59, 148
Auszahlung 35, 148

Benchmark 64, 270
Berater 24
Bewertung 45
Budget 64

Call 244
Constraint Propagation 247
Cost Averaging 253

Deckungskapital 120, 139, 282
Derivat 196, 221
Durchschnittssteuersatz 177
Durchschnittsteuersatz 92

Eigenkapital 39, 44, 63, 66
Einnahme 35, 59, 80, 87, 148
Einzahlung 35, 148
Erfolg 66
Ertrag 37, 67, 70, 76
Ertragswertverfahren 46
Erwartungsnutzen 107, 110, 227

Finanzdienstleister 2
Finanzergebnis 72
Finanzplan 6, 18, 20
Fond 192
Fristigkeit 53
Fundamentalanalyse 215

Gesamtkostenverfahren 69
Geschäftsergebnis 71
Geschäftsmodell 6
Grenzsteuersatz 92, 177

Inflation 41, 79, 87, 126, 286
Investitionsobjekt 182

Jensen Ratio 278

Kapital 38, 162
Kapitalangebot 120
Kapitalerhalt 129
Kapitalmarkttheorie 222, 235
Kapitalnachfrage 120
Kapitalverzehr 124
Konsumkapital 120
Kosten 37, 250

Lebensalter 101
Lebensereignis 154
Leistung 37
Leitidee 100
Liquidität 59, 65, 75, 104, 153, 166
Lunch Money 103

Marktsegment 20
Motive 21

Nettovermögen 39, 44, 67, 79, 162
 frei 105
 reserviert 105
Nutzenfunktion 107, 110

Option 196

Passiva 43, 50, 160
Performance 270, 277
Periodensaldo 61
Portfolio 108, 170, 224
Portfoliotheorie 226
Präferenz 236
Prognose 183, 214
Put 243

Rechnungsabgrenzung 68
Rendite 74, 104, 165, 181, 207, 226, 269
zeitgewichtet 273
Rente 85, 124, 136, 143
Risiko 78, 96, 115, 164, 165, 209, 222, 226, 241, 269
Rückstellung 44

Sachwertverfahren 46
Sharpe Ratio 277
Smart Money 103
Sparen 137, 139, 286
Sparkapital 121, 123, 282
Steuer 41, 74, 75, 88, 176, 286
Steuern 124
Steuerplanung 178
Stop-Loss 242

Technische Analyse 218
Treynor Ratio 277

Umlaufvermögen 43
Umsatzkostenverfahren 69

Value Proposition 7
Vergleichswertverfahren 46
Vergütung 26
Vermögen 38, 165, 294
Versicherung 147, 206
Versorgungslücke 78, 82, 83, 119, 146, 285
Versorgungspuffer 285
Versorgungsziel 82
Vorgehen 13

Wertschöpfung 3, 10
Wirtschaftlichkeit 74

Zeitpräferenz 156
Zertifikat 200
Ziele 22
Zielgruppe 19
Zins 41, 124, 286
  interner 77, 272

Springer   springer.de

BWL - mit Springer erfolgreich im Studium

Produktion und Logistik
H.-O. Günther, H. Tempelmeier

Die wichtigsten produktionswirtschaftlichen und logistischen Planungsprobleme und grundlegenden Lösungsmethoden im Überblick. Auch auf neue Entwicklungen der "Advanced Planning Systems" wird ausführlich eingegangen.

Springer-Lehrbuch. 6., verb. Aufl. 2005. X, 365 S. 140 Abb. Brosch.
ISBN 3-540-23246-X ▶ € 24,95 | sFr 42,50

Betriebswirtschaftslehre
Anwendungs- und prozessorientierte Grundlagen
A. Töpfer

Eine klare, anwendungsbezogene Übersicht. Der Aufbau orientiert sich eng am Ablauf der Unternehmensprozesse. Die ausgefeilte Didaktik, prägnante Übersichten und zahlreiche Praxisbeispiele erleichtern das Lernen und Problemlösen.

2005. XVII, 1364 S. 184 Abb. Geb.
ISBN 3-540-22020-8 ▶ € 39,95 | sFr 68,00

Produktionswirtschaft
Eine Einführung für Wirtschaftsingenieure
H. Dyckhoff, T. Spengler

Wichtige Probleme und Modelle der Produktionswirtschaft, veranschaulicht durch praxisnahe Beispiele unterschiedlicher Branchen. Aus grundlegenden Modellen der Theorie betrieblicher Wertschöpfung werden grafentheoretische Konzepte und Werkzeuge abgeleitet.

Springer-Lehrbuch. 2005. X, 276 S. 91 Abb. Brosch.
ISBN 3-540-22513-7 ▶ € 19,95 | sFr 34,00

Entscheidungstheorie
H. Laux

▶ *"Laux nimmt den Anfänger bei der Hand und macht ihn Schritt für Schritt mit den praktischen Implikationen, Problemen und Lösungen traditioneller Entscheidungslehren vertraut. (...) durchgehend verständlich geschrieben, zahlreiche Beispiele, Grafiken und Übersichten."* ▶ **Studium**

Springer-Lehrbuch. 6., durchges. Aufl. 2005. XXIII, 484 S. 95 Abb. Brosch.
ISBN 3-540-23576-0 ▶ € 29,95 | sFr 51,00

Grundlagen der Organisation
Die Steuerung von Entscheidungen als Grundproblem der Betriebswirtschaftslehre
H. Laux, F. Liermann

Die Autoren entwickeln Strukturierungskonzepte für die Lösung organisatorischer Gestaltungsprobleme. Sie zeigen, wie mit diesen Konzepten gearbeitet werden kann und welche Lösungen vorteilhaft sind.

Springer-Lehrbuch. 6. Aufl. 2005. XXVI, 669 S. 111 Abb. Brosch.
ISBN 3-540-24436-0 ▶ € 36,95 | sFr 63,00

Besteuerung der Unternehmen
Eine Einführung in Steuerrecht und Steuerwirkung
U. Schreiber

Das Buch vermittelt Studierenden verständlich die grundlegenden Strukturen des Steuerrechts der Unternehmen und seine ökonomischen Wirkungen.

Springer-Lehrbuch. 2005. XVI, 771 S. 55 Abb. Brosch.
ISBN 3-540-22855-1 ▶ € 34,95 | sFr 59,50

Bei Fragen oder Bestellung wenden Sie sich bitte an ▶ Springer Distribution Center, Haberstr. 7, 69126 Heidelberg, Tel.: (0 62 21) 345 - 0, Fax: (0 62 21) 345 - 4229, e-mail: SDC-bookorder@springer-sbm.com
Die €-Preise für Bücher sind gültig in Deutschland und enthalten 7% MwSt. Preisänderungen und Irrtümer vorbehalten. d&p · BA-25704

Springer

springer.de

BWL - Lehrbücher von Springer

Kostenrechnung

G. Fandel, A. Fey, B. Heuft, T. Pitz

Die zweite Auflage wurde um eine Darstellung neuer Kostenrechnungs- und Kostenmanagementansätze ergänzt. Der fundierte Gesamtüberblick über die traditionellen und neueren Stoffinhalte der Kostenrechnung bleibt erhalten, ebenso wie die Darstellung der Systeme der Istkostenrechnung, der Plankostenrechnung und der Prozesskostenrechnung. Die Einbettung der Stoffinhalte in den größeren Bezugsrahmen von Kostenrechnung, Produktionsplanung sowie Produktions- und Kostenrechnung verdeutlicht den thematischen Zusammenhang.

Springer-Lehrbuch. 2. neu bearb. u. erw. Aufl. 2004. XIV, 554 S. 52 Abb. Brosch.
ISBN 3-540-20841-0 ▶ **€ 29,95** | sFr 51,00

Kosten- und Erlösrechnung
Eine controllingorientierte Einführung
H.-J. Hoitsch, V. Lingnau

▶ Von vielen Konkurrenzprodukten unterscheidet sich dieses erstklassige und seit Jahren etablierte Lehrbuch vor allem in zwei Punkten. Zum einen wird die Kosten- und Erlösrechnung aus der Sicht des Managements bzw. des Controllings dargestellt. Zum anderen zeichnet sich das Buch durch eine äußerst gelungene Didaktik aus. (...)
▶ Studium – Das Buchmagazin für Studenten

Springer-Lehrbuch. 5. überarb. Aufl. 2004. XXIII 425 S. 103 Abb. Brosch.
ISBN 3-540-21174-8 ▶ **€ 19,95** | sFr 34,00

Übungsbuch zur Produktions- und Kostentheorie

G. Fandel, M. Lorth, S. Blaga

Dieses Übungsbuch eignet sich sowohl zur vorlesungsbegleitenden Einübung produktions- und kostentheoretischer Modelle und Methoden in Grund- und Hauptstudium als auch zur gezielten Vorbereitung auf die Diplomprüfung. Es ist nicht an ein spezielles Lehrbuch gekoppelt.

Springer-Lehrbuch. 2004. XII, 329 S. 69 Abb. Brosch.
ISBN 3-540-20849-6 ▶ **€ 24,95** | sFr 42,50

Bankbetriebslehre

T. Hartmann-Wendels, A. Pfingsten, M. Weber

Dieses Buch gibt einen breiten Überblick über den aktuellen Stand der Bankbetriebslehre. Behandelt werden institutionelle Rahmenbedingungen, das Spektrum der Bankgeschäfte sowie internes und externes Rechnungswesen. Außerdem erfolgt eine integrierte Darstellung des bankeigenen Risikomanagements und der dafür einschlägigen aufsichtsrechtlichen Vorschriften einschließlich der anstehenden Neuregelungen (Basel II).

3., überarb. Aufl. 2004. XXXVIII, 869 S. Brosch.
ISBN 3-540-21227-2 ▶ **€ 34,95**; sFr 59,50

Zinsderivate

C. Schlag, N. Branger,

Derivative Finanzinstrumente werden immer häufiger eingesetzt, um die Planung von Zinserträgen und -aufwendungen zu optimieren und zugleich die nötige Flexibilität bei der Liquiditätssteuerung zu haben. Dieses Buch führt kompetent in die theoretische Behandlung und in die Berechnung von Zinsderivaten ein.

2004. XI, 199 S. 33 Abb. Brosch.
ISBN 3-540-21228-0 ▶ **€ 22,95** | sFr 39,50

Bei Fragen oder Bestellung wenden Sie sich bitte an ▶ Springer Distribution Center, Haberstr. 7, 69126 Heidelberg, Tel.: (0 62 21) 345 - 0, Fax: (0 62 21) 345 - 4229, e-mail: SDC-bookorder@springer-sbm.com
Die €-Preise für Bücher sind gültig in Deutschland und enthalten 7% MwSt.
Preisänderungen und Irrtümer vorbehalten. d&p · 010814a

Druck und Bindung: Strauss GmbH, Mörlenbach